本书为2018年潍坊市软科学研究计划项目：新时代教师职业嗓音健康状况研究研究成果，项目编号：2018RKX011

教师嗓音艺术研究

杜玉霞　著

中国海洋大学出版社
·青岛·

图书在版编目（CIP）数据

教师嗓音艺术研究 / 杜玉霞著. —— 青岛:中国海
洋大学出版社， 2019.8
ISBN 978-7-5670-2429-8

Ⅰ.①教… Ⅱ.①杜… Ⅲ.①教师—嗓音医学—研究
Ⅳ.①G478.2

中国版本图书馆CIP数据核字(2019)第217751号

出版发行	中国海洋大学出版社			
社 址	青岛市香港东路23号	**邮政编码**	266071	
出 版 人	杨立敏			
网 址	http://pub.ouc.edu.cn			
电子信箱	dengzhike@sohu.com			
订购电话	0532-82032573（传真）			
责任编辑	邓志科	**电 话**	0532-85901040	
装帧设计	青岛乐道视觉创意设计有限公司			
印 制	日照日报印务中心			
版 次	2019年11月第1版			
印 次	2019年11月第1次印刷			
成品尺寸	170 mm×230 mm			
印 张	14.75			
字 数	215千			
印 数	1-1000			
定 价	39.00元			

前　言

　　嗓音是教师用于交流的重要工具,教师的职业特点决定着教师必须以嗓音为媒介进行知识传播。对于教师来说,嗓音是至关重要的职业工具。孔子曰:"工欲善其事,必先利其器。"在英国苏塞科斯大学的教育学院,嗓音训练是培养未来教师的一大重点。学院负责嗓音训练项目的威廉姆斯先生说:"不给教师做有关嗓音技巧的培训,就好比培训外科医生而不给他们讲解手术所需的器具一样。"如此看来,我们只具备科学用嗓的理念显然是不够的,还要掌握科学用嗓的艺术,进行必要的技巧培训与学习。

　　本书一方面讲解了教师发声过程中的常见嗓音问题,同时还向大家介绍了科学用嗓技巧和嗓音保健方面的知识,通过学习用气发声达到使嗓音美化的目的。在日常教学工作中,教师一定要养成科学用嗓的意识,养成科学用嗓的习惯,用正确的发声方法,完成传道、授业、解惑的任务。

　　本书主要分为嗓音在教师职业中的生命线地位、教师职业嗓音必备基本常识、教师职业嗓音科学发声和教师职业嗓音矫治保健四大部分。分六章展开详细的论述,重点从好声音的发出原理、获得方法和科学养护方面,向读者介绍嗓音方面的知识。从表面上看,这似乎与一些有关嗓音方面的论著并无不同之处,但是当你细细读完后你就会发现,这是一本作者在总结前人和当代嗓音专家经验的基础上,结合自己多年演唱、教学实践总结出的一些见解! 它值得每一位嗓音职业工作者,特别是从事教师职业的读者认真对待的一本书。

由于编写水平有限,存在疏漏在所难免,诚恳欢迎各位专家学者批评指正!

作　者
2018 年 5 月

导　言

　　作为一名长期从事嗓音职业的工作者来说，嗓音就是他的"第二条生命线"。党的十九大以来，在国家围绕全面深化新时代教师队伍建设改革，大力推进教育优先发展，加快教育现代化的今天，作为铸造"人类灵魂工程师"、担负"百年大计、教书育人"的教师来说，他们的嗓音问题不只是个人的问题，也是一个社会问题，应引起全社会的高度关注。

　　据近年来的流行病学调查显示，我国教师人群中嗓音病的发病率远高于一般人群，大多数的教师存在声音嘶哑、说话费力、咽喉异物感、发痒发干、反复清嗓子等情况。而这些，恰恰是急慢性咽炎、喉炎、声带小结、声带息肉等疾病的反映。10个慢性咽炎病例中，8个就是老师。教师的高频率用嗓决定了教师嗓音问题具有不可回避性，由于在"传道、授业、解惑"过程中的大量用嗓、不够科学的发声方法和用嗓习惯，导致出现一系列嗓音问题从而影响到课堂授课效果，还有的由于严重的嗓音问题不得不离开自己心爱的工作岗位，转岗或换岗。这样势必会加重教师的心理负担和工作压力，影响教学过程的有序进行，从而降低教育教学质量。

　　教师的嗓音是完成教学任务的重要工具，是教师"行军打仗的武器"，如果失去了它，就无法完成教学任务。对于教师来说，掌握一套科学、实用的用嗓技术，养成良好的用嗓习惯，在他们的执教生涯中十分重要！

目 录

第一章

嗓音在教师职业中的生命线地位

01

众所周知,教师是各种职业中用嗓频率非常高的社会群体,他们的工作需要每天频繁地使用自己的嗓子。由于常年累月超负荷使用嗓音,有相当一部分教师已经患上较为严重的嗓音疾病,如慢性咽喉炎、声带小结、息肉等,但是工作的需要使他们不得不继续站在讲台上用嘶哑的声音为学生授课。他们不断寻医问药,苦不堪言! 有的老师对声音沙哑已经习以为常,早已见怪不怪,嗓音嘶哑的时候吃些含化片和消炎药来应付。其实声嘶是病变的开始,它会产生难以预料的后果。嗓子是教师"行军打仗"的重要武器,是教师职业的生命,如果失去它,恐怕再动听的语言也难以表达出来!

第一节　嗓音在教师职业中所扮演的角色

一、嗓子是教师表达语言的重要工具

我们探究嗓音艺术,首先要从声音产生的源头开始谈起。声音是由来自肺部的气流冲击声带,从而引起声带的振动产生的。肺呼出的气体冲击声带发出,与唇、齿、舌、腭等构成语言器官协调一致地工作,最后形成语言,再经过共鸣腔的润化作用形成悦耳的声音。声带像两片薄薄的韭菜叶,边缘齐整、活动自如,如果声带的颜色、形状、活动度发生改变,就会造成嗓音的变化,比如声带肥厚,声音会变得低哑;声带边缘突出,如声带息肉、声带小结、乳头状瘤等,会导致声带闭合不严,造成声嘶和发音困难;喉肌弱症是由于声带松弛,不能拉紧,闭合无力造成声门闭合不严导致讲话或歌唱时声音漏气。

随着社会的进步和人民物质文化生活水平的提高,伴随着人与人之间社会交往活动的日趋频繁,来自于工作、生活、就业等一系列的压力也随之增加,再加上大气污染等环境因素的影响,近几年嗓音疾病的发病率越来越高。在各种疾

病中嗓音病日益突出！据一项卫生部门不完全统计数据表明，教师患有的常见疾病中，咽炎首当其冲地被排在了首位，身负教书育人重任的教师们，被时时遇到的各类嗓音问题所困扰。他们多么渴望能找到一种科学的、行之有效的运用嗓音的技巧，以此解决嗓音疾病给自身带来的身心上的痛苦和折磨！

嗓音是人与人之间进行语言交流和表情达意的重要工具，特别是一些职业用嗓者，比如教师、歌唱演员等等。教师的任务是教书育人，在这一教育教学活动中，要依靠教师的有声语言艺术来实现。那么嗓音是教师职业生涯中的"第二条生命线"，是教育教学活动中的关键介质，起着其他教学手段无可替代的作用。如果教师在授课过程中存在着嗓音上的障碍，无论他的教学艺术有多高明，教学目的也将难以实现。一方面嗓音上的障碍会影响到教师的情绪，产生一种消极的心理状态，有声语言艺术难以转化为知识成果，进而降低课堂效率和授课质量。更有甚者，由于严重的嗓音疾病，不得不离开自己心爱的讲台和工作岗位，转岗或换岗甚至失业！

随着社会的发展，语言在工作中发挥着越来越重要的作用，会对生活质量和工作产生重大影响。失去说话和发音的功能会使一个人在职业发展上受到极大限制。在对声音有特殊要求的职业中，教师作为太阳底下"最光辉的职业"和"人类灵魂的工程师"，成为很多人向往并为之奋斗的职业，语言表达能力和交流能力往往被视为教师的看家本领，是考核教师职业的核心素养。

教师在备受人们尊重的同时，难免要经受上课时久站的疲劳和长期用嗓子而导致的嗓子的病痛。教师在工作中几乎每一刻都离不开使用嗓子，由于大多数教师在上岗前和就业后都没有接受过有关嗓音方面的培训学习，没有嗓子保健方面的知识和不具备科学用嗓的技能技巧，长此以往便会导致各类嗓音疾病。比如轻者出现声音嘶哑并且咽喉疼痛，音色晦暗不清的情况，严重者会导致声带增生病变，比如声带小结、息肉，更有甚者会恶化成声带癌和喉癌等恶性嗓音疾病。老师们即使小声说话也会感到嗓子疲劳，更无法进行持久的讲话。高校教师每周都会有很多的课，每次课的时间较长，而且上课的时间都排在一起，这样的工作日复一日、年复一年,超负荷使用嗓子的情况将会对教师的职业生涯产生极其恶劣的影响和危害。

研究证实,教师是患嗓音问题的高风险职业,教师中存在嗓音异常的比例高达 50% 左右。大多数教师为了教学坚持带病工作,再怎么难受也得熬着,即便声音变得沙哑了,也只当是不可避免的职业病,早已司空见惯。

通过近几年的嗓音研究,我们不难发现,教师的嗓音问题会对交际、工作和生活产生显著的影响,许多教师都因为嗓音问题而感到难堪、情绪低落甚至压抑,一方面降低了教师职业的幸福感和认同感,另一方面也影响到教育教学质量的提高。

教师的职业性质决定了需要高频率用嗓。因为面临着繁重的教学任务,他们无时无刻不在运用嗓子完成知识的传授,他们与专业嗓音工作者相比,后者一般都经过了系统的发声训练,因此患嗓音疾病的概率相对来说要低得多。

产生嗓音疾病的因素有很多,比如用嗓习惯、讲话的方式、生活习惯、个人性格、情绪等等都会影响到嗓音的变化。在产生各类嗓音疾病的因素中,不正确的发声方法是引起各种嗓音疾病的主要诱因。由于大多数教师没有接受过科学的嗓音训练,未能掌握正确的发声方法,导致发声器官在发声时出现不平衡、不协调的动作。科学的发声方法,应当是用最省的力量发出最有共鸣的饱满的声音。发声方法不科学具体表现在:不正确的呼吸方法、喉肌紧张、参与发声的肌肉不协调等等。在较大的场所有时面对众多的学生,教师需要运用洪亮的嗓音才能把语言传递给每一名同学。为了达到这个目的,教师们就需要大声提高自己的嗓门讲课,由于缺乏气息的支持,势必会造成喉咙挤压或者是撑大,长此以往就会造成喉肌的疲劳,产生嗓音方面的障碍甚至嗓子病变。

不正确的用声方式概括为:过度使用嗓子和滥用嗓音等。

如果一个人的发声严重超出个人能力、发声的音量过大过强、发声时间过长而引起的嗓音疾病都属于嗓音的过度使用。如果在发声的过程中我们毫无节制地使用我们的嗓子，没有抑扬顿挫和轻重缓急的变化，都是属于嗓音的滥用情况。因为我们发声器官中的声带组织很薄，发声时振动频率很高，若过度用声，就会使声带处于超量、大幅度、长时间的紧张状态，声带的黏膜层受到损伤，致使声带出现运动过度性黏膜充血、水肿甚至黏膜下出血，引起发声功能失调性声门闭合不良，在声音方面出现不同程度的嘶哑，甚至失声。教师在使用嗓音的过程中如果不注意合理用嗓，经常长时间超负荷使用自己的嗓音，嗓子长期得不到休息和调整，便极易发生诸多的嗓音疾病。

人的身体健康状况也会影响到我们嗓音的质量和发声。发声运动是我们整个身体协调运动的一部分，我们身体方方面面的变化都会影响到发声运动，比如当人身体疲劳的时候就会引起生理上的疲劳，致使发声运动功能减弱，特别是当人处于感冒或者是上呼吸道感染时就会引起免疫系统功能的降低，从而引起发声器官病理上的变化，出现声带水肿、充血的现象。如果一个人的体质很弱，往往嗓音上就会呈现出讲话声音音量偏小、偏弱；如果一个人身体强壮，讲话时就会让人感到中气十足，嗓音洪亮。

另外，教师个人的作息生活习惯也会影响到嗓音的变化，比如起居饮食不规律，长期熬夜、睡眠不充足，饮食上毫无节制地胡吃海喝，长期酗酒抽烟，喜欢吃夜宵等习惯；有的人在饮食方面无辣不欢，喜欢吃辛辣刺激性的食物等等；有的人喜欢剧烈运动后喝冷饮，平时喜欢喝浓咖啡、浓茶，喜欢高调门大声讲话，还有的朋友喜欢滔滔不绝地"煲电话粥"，诸如此类的情况都会在一定程度上引起嗓音的变化。比如喜欢吃夜宵或者是吃完饭的时间过晚，都会引起反流性咽喉炎。

对于从教的绝大部分人来说，有关嗓音方面的知识了解得不够多，还不懂得如何有效地使用和保护自己的嗓子，有多数教师只是简单地认为，嗓音问题是由于长时间讲话引起嗓子疲劳后造成的，平时也很少关注自己的嗓音健康，嗓子不舒服的时候简简单单地对待它，吃点消炎药或含化片，再严重一些的时候就到医院去打消炎针，很少有人会去找发声方面的问题，从改变发声习惯上解决嗓音方面的问题。

从事教学工作的教师们，人人都希望有一副铁打的好嗓子、金嗓子，能够长时间地讲话嗓子也不会疲劳，特别是对于职业用嗓人士，比如歌唱演员、话剧演员、配音工作者，都想做艺术上的常青树，使嗓音永葆青春，尽量不遇到嗓音上的障碍，发声能力不断增强，使自己的艺术道路畅通无阻！

科学的发声方法最早来源于歌唱领域。意大利的美声唱法，原指的是美妙的歌声，整个训练的过程就是运用科学的发声方法，发出优美动听的声音。由于它的科学性而被全世界公认为最科学的发声方法。它特别讲究用最省力的方法发出最有共鸣的、丰满的声音，在演唱过程中发挥自身共鸣腔体的最大功效，全程演唱过程中，歌唱演员不允许借用麦克风等扩音设备，它讲究发声时的高位置、深气息状态，声音集中、明亮又极具穿透力，要求所发出的声音能达到"声灌全场"的艺术效果。因此在声音训练中对声音的要求是非常严格的，一开始要求喉咙的绝对放松，喉肌不允许有外力的作用，呼吸要求吸气要深，喉位略微下降，歌唱的动力系统要积极，特别是腰腹部的力量要充盈，不能松懈，声音效果要上扬、致远。要达到长时间演唱时喉咙不易疲劳、发声持久。从美声训练要求上来看它非常符合嗓音使用的科学性，如果我们借鉴其发声方法，把它合理运用到平日嗓音的使用上来，就会达到我们想要的声音效果，同时还能起到很好的嗓音保健作用。

综上所述，除了要合理运用自己的嗓音外，以下是教师用嗓时，还应该注意的几个注意事项：

（1）采用合适的语音语调授课，控制语速，节奏不要太快，讲话时注意停顿，讲话时的音量不要过大，声调不要过高，善于借用麦克风等扩音设备。

（2）不要长时间滔滔不绝地讲话，连续讲话最好不要超过一个半小时，要给嗓子充分休息的时间，要让喉肌得到适当的缓解。

（3）注意天气变化，注意冷暖，预防喉部受凉后造成嗓音不适。为了保持嗓音湿润，平日要多喝温开水，控制烟酒，避免刺激声带，可以多吃些生津止渴的水果，例如：梨、苹果、葡萄等。

（4）在公共场所特别是比较嘈杂的环境中，避免高声讲话，采用平和的语音语调说话。

（5）当嗓子不舒服时，不要一味地清嗓子和采用讲悄悄话的方式讲话，清嗓子会造成声带瞬间猛烈的碰撞，从而损伤我们娇嫩的声带。讲悄悄话时我们的声门是处于不闭合的状态，长时间说悄悄话会造成声带闭合不良，从而影响正常的闭合。

（6）嗓子不舒服时要让嗓子尽量休息，少讲话，特别是感冒或者女性生理期内都要避免高声讲话和长时间用嗓。

（7）要经常参加适当的体育锻炼，运动可以使我们的嗓音更加健美，比如慢跑、游泳或者是其他运动，要避免剧烈运动。

目前，教师的嗓音问题日益凸显，也逐渐受到关注，但是到目前为止，重视程度还不够，嗓音健康状况还没有从根本上得到改善和提高，有关教师嗓音研究的人员数量还比较少，有关嗓音方面的论著也不是很多，对教师嗓音的研究大多还停留在理论的层面上，落实到技术层面和实用性上还需要一段时间。只要我们增强保健意识，运用科学的方法和训练手段，掌握科学使用嗓子的方法，就能为我们的嗓子保驾护航，永葆嗓音的青春。

二、嗓音问题不可小视

具备一定的嗓音保健知识和正确使用嗓子的方法，我想是每一名教师应该做到的，它属于教师教育职业必须掌握的一种基本素养。

我们通过对教师嗓音问题病理及病因的分析后发现，大多数嗓音疾病主要是用声不当、过度用声、不会合理有效地使用和保健嗓音器官造成的。例如，在没有良好的气息支持下无节制地讲话会导致声带水肿、声带肥厚、声带炎症等；长期挤压发声会导致声带息肉、声带血管瘤等。教师群体得了嗓音疾病只能一味奔走在求医问药上或干脆到医院进行手术治疗，身心健康受到很大的伤害。有一首歌想必大家都比较熟悉，那就是《长大后我就成了你》。歌词道出了教师职业的崇高和对教师职业的敬仰。"一支粉笔，三尺讲台"，老师们教书育人，桃李芬芳，为社会输送了无数的人才，留给自己的却是一身的病痛，特别是嗓音疾病，最后带着一副嘶哑的喉咙离开自己心爱的讲台，这种状况真的是让人为老师们心疼。他们多么渴望掌握一套行之有效的发声方法，重塑自身的形象，用自己美好的嗓音轻松完成教学任务，提升教学质量，以此助力职场和人生。美国有位著名的语言大师曾这样说过："人的容貌和声音是决定一生成功与否的关键。动人的谈吐远胜于厚重的化妆品粉饰的外貌，它能表现一个人美好真实的个性，它可以使一位平常的男子变得异常出众，可以使一位不太迷人的女士看上去很有魅力。"可见嗓音对于我们的工作、生活有多么的重要！

　　嗓音职业工作者对于嗓音有着更严格的要求，对于发声的质量有着更高的追求，声音要求洪亮，发声要持久不易疲劳。对于歌唱演员、话剧演员、配音员们来讲，嗓子就是他们的命根子，如果失去了健康的嗓子，就等于事业的终止。对于他们来说，嗓音健康是最基本的要求，他们还要求自己的发声能力能得到不断提升，使自己的嗓音永远保持年轻的状态。我们研究嗓音的科学发声问题，一定要从好声音产生的物质基础开始，来探讨危害嗓音健康的诸多因素中最为重要的因素，用科学的发展的眼光来揭示事物的本质。尊重科学，不搞唯心主义，只有这样，我们才能从根本上解决嗓音问题，用正确的发声方法指导发声行为，起到保护嗓子的目的。通过近几年的嗓音调查研究结果表明，教师队伍中从事教学的，患有各种嗓音疾病的比例高达半数以上。然而嗓音疾病还未被我们大多数人所认识和引起足够的的重视。只有当人完全失去讲话能力的时候，才会真正意识到嗓音的重要性。或许有些人对嗓音很不以为然，认为我天生嗓子就很好，嗓子从来没有出现过问题，不需要知道嗓子是如何发声的。这种理论显然是带有个人偏见的。任何事物的发展只注重结果，没有必要知晓事物发展的根源，这显然不符合事物发展的基本规律。有多少人天生就具有一副好嗓子，天生就具有科学发声的能力？这样的人少之又少。因此，我们很有必要了解科学发声的原理及其操作的方法，只有如此才能从最大程度上降低嗓音疾病的发病率，从根源上杜绝嗓音疾病的产生。因为对于嗓子，使用的方法是最为重要的，如果发音方法不科学，即使有时候我们轻声讲话，对嗓子也会产生危害。如果方法科学即使纵声高歌，也会对嗓子起到一种很好的锻炼作用。作为一个职业用嗓者来说，假设突然有一天说不出话来，势必会严重影响到他的事业和生活。有些人经常遇到不同程度的嗓音问题，比如说声带水肿、声带小结或者是息肉等等，这些人当中绝大多数人的嗓音知识匮乏，对科学发声知之甚少，因此普及嗓音保健知识，学习科学发声显得尤为重要。

第二节　教师职业对嗓音的要求

一、科学发声、正确用嗓

作为一名教师,他的看家本领就是把自己所学的知识转化成有声语言,能运用较强的语言表达能力和教学组织能力达到教与学的有机融合。嗓子是教师"行军打仗"的重要武器。国家和民族的发展要靠教育,实现教育的振兴归根到底要靠教师。自古至今有关研究教育教学方面的论文和专著不计其数,我国在教育领域取得的一系列创新改革成果,大大增强了教育自信心,促进了我国教育事业的蒸蒸日上,这是让我们由衷感到欣慰和高兴的! 然而在众多研究中,对教师职业嗓音的研究却是匮乏的,从嗓音在教师职业生涯中扮演的重要角色和教师在整个教育活动中的主体地位来看,对它展开系列的研究显得是多么必要和有价值。

我想作为教育战线上的每一名教师来说,拥有一副经得起千锤百炼的"金嗓子"是一件多么梦寐以求的事! 从教师劳动时间的长期性、教育对象范围的广度、教学效果的高效性上来讲,教师职业对嗓音的要求就是要达到"长持久力、强穿透力和强艺术感染力",用最通俗的语言来讲就是教师讲课嗓子不累、又能声声入耳,语言绘声绘色,学生超级爱听。下面就持久力、穿透力和艺术感染力一一作以解释。

声音持久力就是持续讲话时间的长短。教师属于高频率用嗓人群,获得持久讲话的能力是教师职业对嗓音的基本要求。

声音穿透力是声音在空气中的传送能力,它一般受声音的密度、强度、和谐共鸣三方面的影响。声音的密度越大、声音的强度越大、和谐共鸣越强,音乐在空气中的传送能力就越强,声音的传递效果就越理想。

声音艺术感染力主要是指能够引发欣赏者产生情感共鸣上的声音艺术力量。教师的嗓音是知识的传动带，也是讲课的必要条件。在和教师的交谈中，笔者发现很多教师嗓音沙哑，说话吃力，如果此时不注意保护，有可能成为永久性职业病，直接影响教学的正常进行。作为一名声乐工作者，应该把自己知道的一点嗓音保健知识介绍给他们，使他们能更好地教书育人，为教育事业做更多的贡献。拥有健康优美的嗓音是广大教师的共同愿望，要实现这一愿望，必须注意嗓音保健。

语言是人类感情交流的工具，用自然的声音讲话人人都会，但是自然的发声不能持久，听上去苍白无力，也不悦耳动听，如果教师长时间用强音讲课，极易引起嗓子疾病。因此，提倡教师用科学的发声进行教学非常必要，科学发声的关键在于呼吸和共鸣。

呼吸是发声的原动力，是声音优美与否的决定因素。常用的呼吸方法有：胸式呼吸、腹式呼吸和胸腹联合式呼吸。教师主要用的是胸腹联合式呼吸。胸腹联合式呼吸是胸腹同时参与的呼吸。吸气时鼻口同时吸气，将气流吸入肺的深处，胸腹胀起，两肋向外扩张；呼气时小腹有控制地推气，将气均匀、平缓地吐出，胸部仍保持扩张状态。这种呼吸方法，容气多，控制力强，气息支持时间长，能自如地控制声音的高低、强弱变化。

教师给全班学生讲课需要一定的音量，单靠声带发出的声音是不够的，而宏亮、优美的音色主要靠共鸣获得。人的音域可分为低、中、高音三个音区，低、中音区主要靠胸腔共鸣和口腔共鸣，高音区主要靠头腔共鸣。其实，不管哪个音区，这三种共鸣都同时存在，只是占的比例不同。掌握这三种共鸣的方法需要通过学习和训练。它可使声音清脆、宏亮，而且持久，对那些已有嗓音疾病还能起到一定的治疗作用，以下是几种影响嗓音健康的情况：

（1）嗓音滥用：滥用嗓音就是无节制地用嗓，它对嗓子有极大的摧残作用。表现为：在集体场所用自己的嗓音压众人之喧哗；与人辩论、争吵；课堂纪律欠佳，靠音量给学生灌输知识；大笑、痛哭。以上表现易引起嗓子疲劳、声带充血、水肿等嗓子疾病。

（2）不良情绪对嗓音的影响："气乃声之源"。古代医书上云："怒则气上；喜则气缓；悲则气消；恐则气下；惊则气乱；思则气结。"也就是说："人在发怒时，气满胸膛；高兴时，气流通畅；悲伤时，气息散；惊恐时，气息抖颤；思考时，气息僵死。"情绪直接影响着气息，气息又决定着嗓音的好坏。所以人的情绪对嗓音影响很大。教师应努力克服情绪给嗓音带来的不良影响，不要将外界情绪的干扰带到课堂。

（3）刺激物对嗓音的影响：烟、酒、蒜、辣椒这些都是刺激物。烟含尼古丁、烟焦油等多种有毒物质，它会减弱发声器官的防御功能，而引起咽炎、气管炎等疾病。酒、蒜、辣椒这类刺激物都会使人口干舌燥，发声器官表面充血，若此时再过度用嗓，就极易引起声带水肿、肥大、粗糙、分泌物增多等症。有些人对这些刺激物不太敏感，也应注意不要过量，且选择合适的时间，讲课前数小时最好不食用，以免嗓子干痒影响教学。

（4）个别体育运动对嗓音的影响：发声器官是人体的一部分，运动可以使身体健壮，对嗓音是有利的。但是不是所有运动都对嗓音有益。如：举重、哑铃、引体向上、俯卧撑等，这类需要憋气的运动，对声门作用力很大，对嗓音是有害的。所以教师在体育锻炼时应有选择。

（5）睡眠对嗓音的影响：睡眠是解除人体各种疲劳的最好方法，人的嗓子和身体一样，经过一段时间的工作，必须有个恢复的过程。睡眠不足在嗓音上常表现为沙哑、无亮音、声音发闷、高音易破等现象。因此教师保持充足的睡眠尤为重要。

（6）身体的其他疾病对嗓音的影响。气管炎、咳嗽易引起声带充血、水肿、闭合不良等嗓音病；感冒会引起呼吸道感染，神经衰弱易引起嗓音疲劳。治病治本，治疗嗓音病时，应该究其根源，身体疾病治好了，嗓音病就痊愈了。

（7）发声器官的定期检查对嗓音的影响：教师应定期检查发声器官，一般应两周查一次，及时发现问题及时治疗，不要使临时的嗓音病成为永久性职业病才治疗,那样会花费很大气力。出现嗓音问题时采用药物治疗的同时,应配合适当的休声,两者结合起来效果更为明显,必要时也可以做手术。只有在保守治疗无效的情况下才考虑手术治疗。

(8)长期模仿别人的嗓音音色对嗓音的影响:有些教师在讲课时喜欢模仿某个演员或广播员的声音,事实证明这是有害的。由于每个人的生理特点不同,因此发出的声音也不同。如:高音模仿低音时必须压着嗓音讲,久而久之只能使自己的嗓音僵化,没有表现力,还易产生发声器官的疾病。因此每位教师应在自己发音的基础上变化,不应一味模仿别人。

那么在课堂上教师怎样才能减轻嗓音的疲劳,尽量达到省嗓的目的?一方面注意组织教学秩序,保持良好的课堂纪律;二是有时可采用半声讲课,尽量用轻柔的声音组织课堂语言,这是在嗓子有病期间保护嗓子的有效方法;三是适当运用肢体语言,教师可根据情况通过手势、体态变化表达自己的意图;四是采用注意法,通过语速的快慢对比,语言中的停顿吸引学生的注意;五是拉近与讲课对象的距离,有时可走下讲台到学生中讲课,同时用目光接触,用眼神吸引学生的注意。

二、全面了解嗓音卫生与健康知识

嗓音是教师实现教学艺术的重要工具,是我们人的"第二张面孔",是教师的"第二道生命线",它具有不可复制性和不可替代性。对职业用嗓者来说,世界上再珍贵的莫过于自己的嗓子,它不能像吹奏乐器上的笛膜、簧片一样,坏了随时取下更换新的而不影响乐器的正常使用。我们人的嗓子一旦遭到损伤,就很难恢复如初,特别是术后人的声带的弹性、张力都会受到很大的影响,即使手术成功,嗓子的功能和发声质量也会大不如前。目前在我国师范院校中,由于嗓音课程设置方面的缺失,大学生在校期间基本上都没有接受过科学发声和嗓音保健方面的培训,等他们开始自己的执教生涯时,由于一心扑在教学上,无暇顾及自己的嗓音健康状况,长时间的嗓音疲劳就会积劳成疾,由一开始的声音嘶哑到最后发展为声带息肉或声带小结等嗓子疾病,这种情况比比皆是! 即便是音乐专业的大学生也不能将艺术发声的科学原理及训练手段合理运用于教师职业的有声语言"说的艺术"中,面临"唱好歌而不能说好话"的较尴尬的局面,因为他们往往只重视了唱的艺术,而忽略了说的艺术,同样会为遇到的诸多嗓音问题而感到苦恼!

嗓子是一台复杂的乐器,它能表达丰富的感情。很多歌者虽然有一副天生美妙的歌喉,却从未对自己的嗓音乐器进行过研究。但是随着演唱技巧的提高,却能有效防止、纠正一些嗓音问题。在我的教学经历中,我曾听到过一些关于对声乐训练的必要性怀有偏见的理论。比如说流行歌手不需要训练等。但在现实生活中,前来进行嗓音治疗的人群中,流行歌手占的比例是最大的。未受过专业训练的歌手,由于方法不当嗓子受损,最后导致职业生涯中断的大有人在,甚至一些具有不良习惯的老练歌手,有时也不得不重新学习,否则他们将要冒嗓子永久受损的风险。一些职业用嗓者,比如歌手,特别是一些酒吧驻唱歌手,由于长时间的演唱会造成嗓音的疲劳,有的由于得了严重的嗓音疾病,不得不告别自己心爱的舞台。进行规范的声乐学习,将帮助我们掌握有效的呼吸和发声技能,通过学习可以来提高我们发声的能力,学会在发声中正确用力,解放不必要的肌肉紧张。从演唱实践中总结影响嗓音质量变化的各种因素中,环境也是一个重要的因素,比如一些演出场所过于干燥、湿冷或者过于嘈杂等对嗓音都是不利的。当我们对嗓音有一个充分的认识和了解后,就要养成良好的演唱习惯,我们要全面了解嗓音会受到情绪、饮食习惯、睡眠、部分药物和说话习惯的影响,并且这些因素会影响我们身心健康的整体状态。我们要确切的明白保证嗓音健康的根本方法,就是要养成良好的发声习惯。演唱者一定要进行必要的规范的嗓音技能技巧的训练,因为它能够帮助我们健全强化发声技能,挖掘最自然、最本真的音质,把诸如呼吸、共鸣和发声位置等演唱诸要素统一起来,建立有效的发声机制,改变以往不科学的发声行为,树立正确的发声意识和良好的发声状态。很多成功的专业流行歌手绝大多数进行过正规的声乐培训学习,训练一方面保持人的声音个性,保持独特的嗓音特征;另一方面是帮助我们增强发声技能,使嗓子在使用过程中更加持久耐用。对于什么是最科学的发声方法这个问题,在专业界现在还没有形成较统一的标准,因为每个人对声音的评判标准存在个体差异,认识问题和考虑问题也是有多个维度。但有一点形成共识的那就是,在发声过程中嗓音要具有持久性,有一定的耐受力。好的发声方法一定是能经受住实践的考验,是以科学事实为依据,具体情况具体分析,不能搞一刀切,千篇一律地考虑问题,"不管白猫还是黑猫,抓住老鼠就是好猫"。对待问题要因人而异,因为个体都存在着较大的差异性,比如发声器官、人的性格等都是不同的,这就需要在发声方法上,根据不同的人量体裁衣,制定出适合的训练方法。

学习科学的发声方法是有效预防各类嗓音疾病产生的最根本方法。有些嗓音疾病如声带小结的初期,借助发声训练就能达到矫治的目的。科学的发声训练还能帮助嗓音患者建立科学用嗓护嗓的理念,有效防止术后嗓音病的复发机率。对于忙碌在教育战线上的教师来说,学习科学发声法一方面能为教师嗓音起到保驾护航的作用,预防嗓音病的产生;另一方面它更是提高课堂效率和教学质量的有力保障!

嗓子是教师完成传道、授业、解惑等教学任务的重要语言工具,声音质量的好坏直接影响课堂效果。由于教师长年站在讲台上高频率地使用嗓子,而造成嗓子的疲劳,积劳成疾最后导致各种嗓音疾病。由于嗓音疾病的原因,给教师生理或心理造成很大压力,降低了对教师行业的职业认同感和幸福感,影响生活质量和课堂效果。人们在关注教育的同时,却很少有人关心教师的嗓音健康问题,只有教师本人明白嗓音上的痛苦,才有希望早日摆脱嗓音疾病的折磨。

研究嗓音问题首先要从嗓音器官也就是我们的嗓音乐器开始讲起。我们的嗓音是一件异于普通乐器的特殊乐器,它具有独特性和不可复制性。我们每个人的嗓音都是独一无二的,世界上绝对不可能找出与自己完全相同的嗓音,就像找不出完全相同的人的面孔一样。我们的嗓音乐器虽然异于普通乐器,但是与普通乐器相比两者存在着很多的共性。乐器构造一般分为三个部分:动力部分、振动部分和共鸣腔体部分。拿一面大鼓作比喻,鼓槌是动力部分,鼓皮是振动部分,鼓体是共鸣腔体部分。在我们人的发声器官中,动力部分来自于我们的各个呼吸器官,比如:肺、横膈肌和腹肌。振动部分指的是位于我们喉室的声带,它就像两片薄薄的弹簧片,当气流通过声门时引起声带的振动从而发出声音。共鸣腔体分为三大共鸣腔,一是头腔,二是口咽腔,三是胸腔。其中胸腔是最大的共鸣腔体,在发声运动过程中,这三大共鸣腔都在各自发挥着作用,它们就像是上下叠置而起的组合音响,在不同的声区中所运用的比例都是不同的。比如我们平日讲话的话声,主要是以口咽腔和胸腔共鸣为主;歌唱中的歌声,高音区主要以头腔共鸣为主,中低声区则主要以口咽腔和胸腔共鸣为主。无论是我们平时讲话还是歌唱,都要学会合理运用三大腔体的共鸣比例,才能产生很好的声音效果。要想获得好声音,必须要了解声音的四大属性:音高、音值、音强和音色。

音高:指的是声音的高低,它是由振动体振动的次数来决定的,振动的次数越多,声音就越高,反之就越低。单位是赫兹(Hz),比如钢琴小字一组的标准音振动频率是 660 Hz,音高受振动体的材质影响,我们的发声器官振动体是声带,声带越薄、越短,声带振动的次数就越多,发高音就越容易,反之,如果声带大而厚,声带振动的次数就越少,发出的声音就低。声带的长短厚薄是鉴定歌手声部的一个重要依据。

音强:指的是声音的强弱,由振动体振动的振幅来决定。振幅越大,声音强度越大,反之,声音就弱,它的单位为分贝。嗓音的声音强度与声带的宽窄和气息以及人的共鸣腔都有关系。从一般意义上来讲,声带较宽大、共鸣腔较大者,发出的声音较为结实、洪亮;反之声音就纤细、柔弱一些。声音的强度与气息的压力大小有很重要的关系。气息压力越大,声音的强度就越大;反之就越小。比如在发声训练中气息的训练是非常重要的,要想发出饱满洪亮的声音,就需要增大气息压力,用强有力的气息支持,把声音送出体外。特别是演唱高音时,如果没有很好的强有力的气息作为支撑,就会造成喉肌紧张,从而压迫声带,导致声带不能够很好地展长,从而影响声带不能很好的振动,就不能获得良好的声音效果。

音色：指的是声音的特性，它受振动体的材料质地影响。不同材质的乐器发出的声音特性是不同的。比如二胡和钢琴的音色就不同。我们的嗓音音色具有很强的个性特点，由于人的发声器官构造和声带质地的不同，因此音色具有较大的差异性，特别是声带上的差异性，比如大小、厚薄、长短、色泽上的不同都会产生不同的嗓音音色。振动体在振动过程中具有两种形态，一个是整体振动，一个是部分振动。整体振动产生的音称为基音，它是一个人讲话的基本音色，它决定声音的音高；部分振动产生的音称为泛音，泛音数量的多少决定音色。

音值：指的是声音持续的长短，它由振动体振动的时间长短决定，振动的时间越长，音值就越长，反之就越短。它的计算单位用秒来计算，在发声运动过程中它受个体对气息控制力大小的影响，如果对气息能做到有效控制，发声的时间就长一些，反之就短。

我们的嗓音具有以上四大属性，由于存在着个体差异，因此每个人发出的声音都是不同的。有的人声音洪亮，有的人声音低沉，有的人声音柔美，有的人声音强劲。一个人的讲话习惯受多方面因素的影响，正确的、科学的发声方法应当是用最省的力发挥最大的声学作用，以下是我们常见的不正确的发声行为以及矫正方法。

不正确的呼吸方式：气息是声音产生的源头，自古以来就有很多的歌唱大师强调过呼吸的重要性，"气为声之源，无气便无声"就是对呼吸重要性的高度概括。实践证明：如果声音出了问题，首先要考虑呼吸的问题，"声音好不好，要从气上找"这句话是很有道理的。一些不良的呼吸方式，比如锁骨式呼吸，导致气息上浮，很容易引起喉头的上提，便喉肌紧张，发出的声音挤卡、音色尖锐、生硬。

正确的呼吸方式应该是采用胸腹联合呼吸，像半打哈欠一样把气息柔和地吸到我们的肺里，此时我们的横膈肌下降、胸廓扩张、肋骨打开，整个胸廓像一个大大的蓄气池，把吸进来的气息储存在我们的胸廓里，为下一步发声做好充足的动力能源准备。

发声运动失调：声带有两种振动方式，一种是整体振动，另一种是部分振动。这两种振动方式决定着声带有两种机能，一种是重机能，一种是轻机能。两种机能产生的音我们俗称真声和假声。在发声运动过程中，这两种机能是互相结合在一起的，不能分离。中低声区以真声为主，高音区以假声为主。在由低到高的转换过程中，就会遇到一个真假声混合的问题，如果混合不得法，就会导致发声运动的失调，声音上出现真假声打架的问题。遇到这样的问题首先从心理上不要紧张，声音轻柔一些不要重，保持一种吸气的状态让喉位下降。平时训练可以借鉴戏曲当中的吊嗓法，从高到低或由低到高地做甩音练习，或者是用练习气泡音的方法用气息让声带闭合发声，就能解决此类问题。

共鸣运用不当：一个好的声音是各个共鸣腔共同发挥作用的结果。在不同的声区共鸣腔的使用是有区别的。在中低声区是以口咽腔和胸腔共鸣为主。如果头腔共鸣多了，前者少了，就会产生声音虚、漂的效果，声音听起来不结实、明亮。如果到高音区不能很好地进头腔，声音就会唱不上去，产生喊叫的白声，声音听起来不通透、饱满，音色不柔美，声音尖锐、刺耳。因此要根据不同的声区，合理地运用共鸣，才能产生良好的声音效果。

除了以上介绍的一些不良发声行为外，在日常生活中有些人存在一些不良的发声习惯。由于性格的原因，有些人生性活泼，喜欢无节制地使用自己的嗓音，讲话时大喊大叫，并且滔滔不绝地讲个没完；有些人是易怒性格，容易发怒、生气；有人性格急躁、讲话速度过快；有些人作息时间不科学，喜欢熬夜追剧、聊天打麻将；还有些人饮食上喜欢辛辣刺激的食物，喜欢吃夜宵，抽烟酗酒等等；这些行为都会对我们的发声器官造成不利的影响，我们要想获得健康的嗓音就要做到精神畅快、心气平和、饮食有节、寒暖当心、起居以时、劳逸结合。下面列举一些教师常用的嗓音保健方法：

（1）不滥用嗓音。科学合理地运用自己的嗓子，保证嗓音健康的前提是用嗓要卫生。养成良好的用嗓习惯，调整好心态，注意个人修养，避免发怒、生气。上课期间调整好呼吸，讲课的语速不要过快，节奏不要过于紧凑。

（2）身体不舒服时要控制说话的量，比如感冒时、女性生理期。睡眠不足、过度疲劳时，一定要注意嗓音的保健，因为此时身体的免疫力下降，声带也会出现不同程度的水肿或充血，如果此时不注意合理用嗓，就很容易造成声音上的障碍，造成声嘶或者是失声。

（3）养成良好的生活习惯，要远离烟酒等对嗓音的刺激，因为烟酒都会刺激我们的喉部和声带，出现炎症，从而影响嗓音质量的变化。

（4）注意室内温度，温度不宜过高或过低，不能过于干燥和湿冷。这些情况都会导致声带的耐受性下降，特别是在干燥的、温度过高的环境下讲话，很容易造成声带疲劳，讲话时间也不能持久，此时一定要控制讲话的时间，不宜过长。

（5）要慎用药物。一些药物会影响嗓音，比如：抗胆碱药物、镇咳药、抗组织胺药物、性激素及一些中药在用药过程中也会对嗓音造成不同程度的影响。

（6）平时多喝温开水，每天饮水量要充足，要保证口腔的湿润，同时避免大量用嗓后马上吃冰冷的食物和喝冷饮，一些碳酸饮料也会影响我们的嗓音质量，所以平时也要少喝。

（7）大量运动后不要马上用嗓，要让声带充分休息。运动后声带处于充血的状态，如果此时高强度大量用嗓，极易造成声带肌肉疲劳。

（8）音乐教师要避免长期用一种姿势面对学生授课，定期调整钢琴的方向，避免因长时间侧头讲话而造成单侧的声带炎症。

第三节　教师职业目前用嗓现状

一、大多数教师均患有不同程度的嗓音病

有调查表明,大约六成的教师有不同程度的嗓音问题,声音嘶哑、发音疲劳、急慢性咽喉炎、声带炎、声带小结、声带息肉等等,在教师群体当中已是司空见惯的现象。

我们人的声带是在环杓关节的带动下,来自肺部的气流冲击声带,使它高速振动从而产生声音。声带在本质上是一个发声运动器官,和其他运动器官一样,过度使用或是使用不当,就会产生劳损,出现嘶哑、疼痛等情况。教师面对众多的学生,为了让每一名学生清楚地听到自己的声音,往往会不自觉的提高音量和声调。有些幼儿园的老师为了使自己的声音听起来更加亲切,往往还会模仿小孩子讲话的方式讲话。空气干燥、粉尘刺激也容易使教师患上不同程度的嗓音病。

据了解,新学期伊始往往是老师们嗓音病的高发期,特别是中小学教师,刚刚入职的新教师遇到嗓音问题的概率非常大。刚刚开学不到一周,有些教师嗓子就已经喊哑了。特别是教小学一二年级的老师,由于这个时期的孩子还没有形成上课要安静听讲的习惯,常会大声喧哗。为了让孩子们听到老师的讲话,老师们往往会提高音量大声宣讲。从耳鼻喉科门诊情况来看,年轻的、带低年级班级的教师更易声带受伤,这是因为年轻老师大多没有掌握正确的发音方法,而工作的特点和环境又需要他们长时间大声说话,声带在高强度、超负荷运动后就特别容易产生疲劳,出现声音嘶哑、咽部充血、疼痛等急性咽炎症状,还有一些职业用嗓者由于用嗓频率很高,也会经常遇到嗓音问题。

(1)销售行业:由于业务的需要,需要长期接触各类人群,工作压力大,且工作应酬多,接触烟、酒等刺激性食物多,极易导致用嗓过度。

（2）演员：无论是戏曲、话剧还是影视剧演员，嗓音的好坏直接影响着表演的质量和效果。大段台词及长时间的表演，也容易引起用嗓过度的情况。

（3）歌手：常见于忽略发声技巧，长时间演唱的歌手，除用嗓过度引起嗓音疲劳外，还容易损伤声带，导致声带充血，甚至失声。

（4）导游：由于旅途奔波、身体劳累，加上长时间沿途讲解等因素，导游容易成为嗓音病的高危群体。

（5）播音主持：播音员、主持人说话频率较高，声带承受负担重，很容易用嗓过度，造成声音嘶哑。

（6）配音演员：他们每天与配音打交道，长时间使用嗓子，导致喉咙嘶哑。

以下几种情况也会诱发嗓音疾病：

（1）感冒或其他疾病（鼻炎等呼吸道疾病）。

（2）长时间的熬夜加班：比如白领和一些科研工作人员，由于工作压力大、作息不规律等极易诱发嗓音方面的障碍。

（3）烟酒过度：长年累月疲于交际和应酬，生活没有规律，烟酒不离口等情况容易引发各类嗓音问题。

二、三大嗓音疾病成为教师职业病

出于职业原因，我国教师患有咽炎及声带疾病比例较高，其中慢性咽炎、声带小结和声带息肉成为教师群体常见嗓音疾病。

慢性咽炎：慢性咽炎是临床常见疾病，指的是咽部黏膜及其黏膜下以及淋巴组织的慢性炎症，可以独立成病，也往往是上呼吸道感染的一部分。慢性咽炎一般分为单纯性、肥厚性和萎缩性三种类型。长期用声过度或用声不当，是激发声带疾病的重要因素。人的精神状态影响着人体的免疫力，从而影响人体的健康，进而影响到人的嗓音。在慢性咽炎的病因中，过度疲劳、精神紧张、睡眠不足、情绪波动也是诱发咽炎的常见因素，另外身体健康状况不佳也会使人的嗓音发生变化。人的一些全身性疾病：如贫血、慢性支气管炎、肺结核、肝硬化、糖尿病、肝肾疾病、风湿病、甲状腺功能亢进或减退、更年期综合征及心血管的病变等导致全身抵抗力降低,咽部黏膜淤血,也会常常诱发咽炎。

声带小结:声带小结是从声带边缘长出结节状突起物,多在双侧声带出现。小结初期质地较为柔软,通过保守治疗一般很快就会治愈。病程时间越长,小结的质地就越发坚硬,类似手上的硬茧,恢复起来就会有难度。声带小结主要临床表现为声嘶,在演唱时发高音困难,同时伴有漏气的现象。声带小结多因长期用声不当或用声过度所致。因此不仅要重视治疗,更要注意养成正确的发声习惯。

声带息肉:声带息肉常附着在一侧声带的前、中 1/3 交界处的边缘,主要由长期发声方法不恰当或过度发声引起。息肉多呈灰白或淡红色,也有紫红色,大小如绿豆、黄豆,一般在声带单侧比较多见,也会在两侧同时发生。治疗方法多以手术切除为主,同时辅以一定的药物治疗和发声矫治训练。

声带息肉和声带小结均可使发音时声门关闭不全,导致漏气,声音嘶哑,由于声带增生物的产生,容易导致发音疲劳,如果掌握科学的用嗓护嗓知识,避免用嗓过度、频率过高,将大大减少患病的可能性。

教师嗓音病发病的主要诱因是用声过度、发声方法不正确,生活不规律及心理因素也会产生一定的嗓音障碍。教师长期用嗓频率过高,或强度过大,均会使咽喉部黏膜组织疲劳甚至损伤。教师咽喉疾病症状以声音嘶哑为主,早期嘶哑时轻时重,呈间歇性特点,若用嗓过多则易哑,咽喉有不适感、异物感,重者嘶哑呈持续性,甚至失声。

三、超负荷发声,是教师出现嗓音问题的主要诱因

教师的职业特点决定教师以嗓音为载体借助语言进行教育教学,因此对于教师来说,嗓音是至关重要的职业工具。然而,超过一半以上的教师患有嗓音疾病。关注教师嗓音健康已迫在眉睫。

中小学教师授课时间每节课平均在 40 分钟左右,高校的课时安排一般在 50 分钟,目前我国的教学模式还是以老师讲学生听为主,老师们每天用嗓的频率

非常高，嗓音疲劳是常态。嗓音就像是一台机器，如果长时间不停地运转，没有适当的停歇，又不对它进行及时的维护，日积月累它就会出现故障，甚至停止转动。教师如果长时间用声过度，嗓音疲劳，就会造成发声器官过度劳累，导致嗓音疾病的发生。

随着教育教学改革的不断推进，小班化教学已经出现在中小学课堂中，小班化从一定程度上降低了教师用嗓的强度，但是并未从根本上解决教师用嗓方面的困惑。嗓音疾病长年居高不下，近年来呈现不断上升的趋势。特别是中小学教师由于缺乏足够的嗓音保健知识和科学用嗓的技巧，无力改变旧有的用嗓习惯，还是每天用疲惫的嗓子为学生授课。

随着国家对人才培养质量的不断提高，教师们的工作压力也越来越大，为了不断提升教育教学质量，老师们在自己的工作岗位上兢兢业业，并且牺牲掉休息的时间加班加点工作，绝大多数人只看到了三尺讲台上老师们的显性劳动，对课堂外大量的隐形工作缺乏了解。身心上的双重压力加上缺失嗓音知识，就会诱发各种嗓音疾病。

嗓音专家介绍，嗓音疾病发病率最高的职业就是教师，特别是慢性咽炎和声带息肉等嗓音疾病在教师群体中是常见病。在嗓音调查中还呈现出女性高于男性的情况，这是由于男女性格不同的原因，女性讲话往往比男性多，而且女性的话声天生比男性要高，因此女性患声带小结的比例要高于普通男性，而男性患声带息肉的比例要高于女性。

我们要想永葆嗓音的青春，就要积极锻炼我们的嗓音。就像我们的身体，如果想不生病，就要经常锻炼，不断增强免疫力。我们的嗓子是身体的一部分，也需要不断锻炼，采用科学的方法，不要过度使用我们的嗓音，在使用过程中要注意方法，避免嗓音的滥用和误用。养成良好的用嗓习惯具有长期性的特点，需要长期坚持，不能三天打鱼两天晒网，要把它融入到日常生活中去，把一天不练嗓当成一天没有刷牙、洗脸一样，俗话说得好"光说不练假把式"，再高明的理论如果不落实到实践中去，都是徒有虚名。

第四节　教师职业学习科学发声的必要性

一、发声不科学易致声带疲劳

中小学教师经常出现声音沙哑、喉咙痛等情况，部分老师为了保护嗓子，经常服用含片、泡凉茶、喝胖大海，尽管如此仍有不少老师因为用嗓过度，导致嗓音严重受损，不得不到医院寻求专业治疗。

近几年来嗓音普查的数据和结果表明，教师行业中约有六成教师曾出现声带病变，最常见的是声音沙哑、喉咙痛及喉咙干涩等，严重可致声带发炎及长出息肉。现在教育系统每年组织教师进行体检，却缺少嗓音检查这一环节。据调查，目前不少教师会因嗓音问题影响到上课的情绪，感到教师工作的巨大压力。

教师为何易出现咽喉异常？我们在前面已经有过介绍，嗓音问题是个综合性的问题，原因很多。教师的职业特点决定了教师需要长时间讲话；还有一个不可忽视的原因，那就是教师对科学发声方法缺乏了解。我们知道教师在走上工作岗位之前，往往没有接受过有关嗓音的培训，他们的板书可以设计得很精美，但是在授课语言上却总显得不够完美，甚至有部分教师由于不完美的嗓音和讲话方式，使课堂效果打了很大的折扣，使原本热爱他们的学生们也越来越不再那么喜欢他们的课。

同为教师职业的受过专业发声培训的音乐教师，他们患有嗓音疾病的概率相对要低，因为音乐老师特别是声乐教师，他们受过系统的发声训练，掌握发声的科学规律、基本方法和嗓音保健知识，能有效地使用嗓音，最大程度上降低对嗓音的损害。教师群体由于缺少嗓音的相关知识，在讲话上不懂得利用气息使我们的声带振动发声，只是一味地挤压、撑大喉咙，试图发出洪亮的嗓音，结果由于缺少气息的支持，再加上喉部肌肉的紧张，势必会造成声音和气息的不协调而造成各类嗓音疾病。

科学的发声方法会使人的喉咙自然松开，在气息的推动下使我们的声带自然振动，加上唇、齿等器官协调一致的配合，发出使人感到舒适优美的嗓音，喉咙舒服了、自由了，经络就通了、气血也通畅了，嗓子就会健康；不科学的发声状态下，喉部的肌肉往往是紧张的，在日常生活中我们经常会见到大声喊叫者脖子上青筋暴出的情形，甚至是面红耳赤的场面，他们发出的声音往往是粗暴的、生硬的甚至是尖锐的。这样的声音从听觉上往往使人心生厌烦，想远离、逃避而不是乐意接受。从发声原理上讲，此时发声者的喉咙是紧张的，参与发声的肌肉是僵硬的，不自如的，气道是堵塞的，不畅通的，长此以往，从中医上讲，"气不顺则百病生"，我们的发声器官——嗓子就会感到疲惫，就会生病，就会产生这样或那样的嗓音障碍。

一个国家的振兴归根到底要靠教育，教师在教育过程中担负着教书育人的重任，他们的嗓音健康应该得到全社会的高度关注。令人欣喜的是，随着我国嗓音医学的不断发展，地方上不断涌现出一些嗓音研究工作者，研究的团队和数量逐年上升，随着我国信息技术的飞速发展，也涌现出一批有关嗓音训练的网络课程，但是从目前来看，嗓音知识的普及程度在社会上还远远不够，社会上有关嗓音培训的课程还较少，在大学本科阶段的课程设置上，还没有把嗓音课作为大学生必修的课程，绝大部分高校也未开设嗓音保健和科学发声的相关课程。

二、科学支配课堂话语权

教师职业是靠嗓音来完成知识的传播，如果嗓音出现了问题，就意味着职业生涯的结束，可见嗓音对教师的重要性。我们知道课堂犹如教师的阵地，嗓音就是他们打仗的重要武器，由于嗓音这件语言工具使用频率高、强度大、持续的时间明显高于其他行业，因此得嗓音病的机率就大。如果教师平时不注意保护嗓音，就很容易患嗓音病。教师们人人都想拥有一副金刚不坏的金嗓子，那么掌握哪些方法能让我们的嗓子做到经久耐用，发出的声音又符合大众的审美呢？这首先要做到的是先了解我们的发声器官,知道发声器官是如何协调一致工作的。

人的发声器官主要由呼吸器官、振动器官、共鸣器官和咬字吐字器官组成。这四部分协调一致共同完成整个发声过程。下面我们一一介绍各部分。

呼吸器官包括肺、气管、支气管、横膈肌等。发声的动力能源即气息要靠呼吸器官来完成传输。

振动器官主要指的是我们的声带,它位于喉室里,喉室犹如一个小匣子装着我们两片薄薄的声带,当气流通过声门时引起声带的振动,从而发出声音。我们的声带犹如琴弦,具有弹性,它可以拉长,也可以缩短,可以变薄,也可以变厚。不同的人声带大小、长短、厚薄以及色泽都会有差异。一般男生的声带比女生的声带要长一些、厚一些,颜色偏粉红,因此发出的声音就低沉;女生的声带较为短小、薄一些,颜色为瓷白色,因此发出的声音较男生明亮。

共鸣器官包括全部发声器官的所有空腔:口腔、咽腔、鼻腔和胸腔等。共鸣器官主要起着过滤声音,使声音美化的功效。声带振动发出的声音是非常微弱的,它又被称为喉原音,也就是嗓音最原始的声音,它需要经过各个共鸣器官的过滤和扩大,才能使音量成倍增加,才能使我们的嗓音更加洪亮。

咬字吐字器官又称为语言器官,它包括唇、齿、舌和硬腭等。在发声运动过程中,我们的语言器官要非常灵活地积极工作,共同完成整个构语过程。

人的整个发声过程最初由呼吸器官完成气息的向内和向外的输送任务,在呼气时气流抵达喉部,引起喉室内声带的振动发出喉原音,然后经过各个共鸣器官的扩大和过滤,最后和由构语器官形成的语言一起形成嗓音。因此嗓音的最终形成实际上是由发声系统和构语系统共同配合形成的。

从嗓音的整个发声过程来看,各个器官都在发挥着作用,只有合理地调动各个部分,才能发出好听的声音,如果任何一个环节出了问题,都会破坏发声过程的整体协调性,都不会发出好的声音。

在发声器官中,振动器官是最为重要的器官,因为它担负着发出基本音色的任务。声带这个振动器官犹如琴弦,如果它得不到充分的振动,就不能发出最为自然的基本音,它是整台发声机器的轴心,如果轴心出了问题,其他的各链条都不会顺利工作。

声带是层薄薄的结缔组织,它非常的娇嫩和脆弱,一旦遭到损伤很难恢复如初,不像是普通乐器的琴弦坏了可以更换。我们的声带损坏了是不能够再生的,因此一定要科学地使用它,避免一些有损嗓音健康的行为,要符合发声运动规律,不要盲目滥用我们的嗓音。

"声音好不好,要从气上找",平时讲话和歌唱时一定要学会用气发声。气息是产生声音的原动力,是产生好声音的坚强基石。如果失去气息的支持,声音就失去了落脚点,如同一个人踮着脚尖走路,是走不远的,嗓音就容易疲劳,发声就不能持久,长期如此就会导致嗓音疾病。

教师在授课过程中避免不了要使用嗓子,因此要特别注意嗓子的卫生,要科学合理地使用嗓子,避免嗓子受到损伤。平时可以下载一些嗓音软件,学习有关嗓音知识和科学发声的技能技巧。有条件的教师还可以学习歌唱和朗诵,形成良好的发声用嗓习惯。

教师在授课过程中一定要合理使用和支配自己的话语权,在讲课过程中打破传统的教学模式,改变单一的老师讲学生听的局面,利用现代多媒体技术和信息化手段,建立线上线下交互式教学模式,树立教练意识,引导学生积极思考,由学生自主树立学习的意识,实现学生自主性学习。避免一节课滔滔不绝地讲个没完,要留给学生充足的思考时间,要进行智慧型教学,善于运用肢体语言吸引学生的注意力,讲课过程中要有适当的停顿,语言要有轻重缓急的变化,语调上要做到抑扬顿挫。

教师在授课过程中,还要有意识地培养学生的动手实践能力,引导学生多练习,特别是实践课,比如音乐课,要少说教,适当示范,引导学生多加练习,要以练代说,说练结合。

教师要想拥有一副好嗓子,需要正确地合理使用自己的嗓音,维护好自己的嗓音"乐器",需要了解与嗓音有关的各方面知识,掌握发声运动过程,从平时日常生活做起,养成良好的用嗓习惯,注意嗓音的保健,课堂上科学支配话语权,注重课堂效率的提高和课堂语言的质量,言简意赅,简洁明了,不讲废话,控制课堂节奏,不要过紧或过于宽松。

　　好嗓音的获得是一个长期的过程,需要了解和学习的嗓音知识有很多,整个发声系统是参与发声运动的各个部分协调一致完成的结果,它牵扯到生理学、心理学、物理学、嗓音医学和艺术学方面的知识,都需要我们逐一进行研究。

第二章

教师职业嗓音必备基本常识

02

第一节　好声音的判断标准有哪些

一、音色条件好

在学习科学发声之前，教师有必要先来了解与嗓音有关的问题，认识自己的嗓音"乐器"，掌握嗓音的基本常识，我们首先来看的第一个问题就是何为好声音以及它的判断标准。

人人都想获得一副好的嗓音，我想这是不容置疑的。不同的职业对好嗓音的界定标准有些许不同之处，对于绝大部分歌唱演员和歌手来说，具备音质纯净、音色优美、音域宽广、声音高低变化自如并且富于变化等特质的就是好嗓音。对于教师来讲，通过问卷调查得出的好声音标准有：声音洪亮、铿锵有力、经久耐用、不易疲劳等特质。我们通过科学的发声训练获得的声音将具有稳定、协调和平衡的特性，无论是对前者还是后者来讲，往往都会具备这三种特性。概括来讲，稳定、协调、平衡的声音对教师职业人群来讲都可以作为判断好声音的标准，因为这三种特性是歌唱艺术的精髓。而从艺术的本质来讲，歌唱是一种"站在音符上讲话以此传递信息和抒发情感"的更高级别的嗓音艺术。

我们知道任何一种声音都是由物体的振动产生出来的，笛声、敲鼓声、风声等，人的嗓音亦是如此。它是由喉结后面的声带振动产生基音，然后在咽腔、鼻腔、胸腔等共鸣器官产生共鸣（共振），在咬字器官的配合下，发出的带有情感的话声和歌声。因此人的嗓音分为话声和歌声两大类。

研究嗓音的科学发声问题，首先就要了解我们的声带是如何振动发声的，其次再来研究如何让声带振动产生的基音在共鸣腔内通过共鸣作用得以修饰和扩大。了解声带是如何振动发出声音这个问题，会给我们科学发声提供最有力的理论依据。

有关声带的振动原理与笛子的笛膜振动原理类似。笛子发出声音是气流通过笛孔处的笛膜，使它振动发出声音。我们的声带同样也是吸到肺内的空气经过声门时，在贝诺利式作用下声带振动发出声音。吸气时两片声带外展，声门打开，不发出声音；呼气时两片声带靠拢，声门关闭，发出声音。"气为声之源"说的就是这个道理。见图2-1。

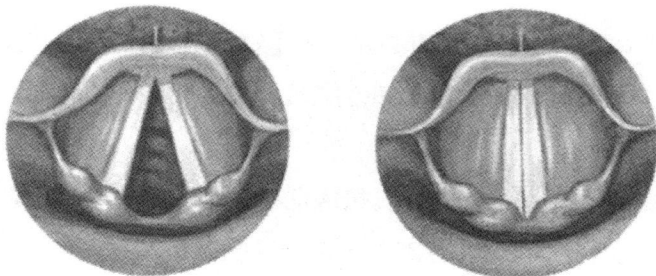

图2-1　声带

　　人的声音是由发声器官发出的一种物理现象。它是参与发声运动器官整体协调的结果，因此好声音的发出必将具有协调、稳定、平衡的特点，它是发声器官互相配合自然运动的结果，任何违背自然发声规律的行为，都将会对我们的嗓音造成不同程度的危害。人的发声运用就像是一部运转的机器，发声器官任何的"任性"举动，都会影响到机器"链条"的顺利运转，人的发声实质上是和人身体其他功能一样的简单和自发，它具有自然的协调、稳定和平衡性，除了喉部的参与外，它需要全身许多器官的协同配合，这些器官我们可以把它分为四部分：

　　动力器官：主要指肺、胸廓、呼气肌群、吸气肌群和膈肌。吸气时胸廓扩大，位于胸腔和腹腔之间的膈肌下降。这是一个自然的生理现象，平时人的呼吸都是不经意、下意识的，当我们专门来研究呼吸现象时，我们可以有意识地留意自己的自然呼吸行为，就如同练习瑜伽时专注于自己的呼吸一样。切忌有任何刻意的、主动的吸气动作，因为这些举动会引发气息的上提，导致发声动力不足，致使声音不洪亮。这就如同一个人踮着脚尖儿走路，总不能产生铿锵有力的脚步声一样。

振动器官：主要指声带。由声带肌、声韧带、声带黏膜组成。声带的长短、厚薄、宽窄，因人而异，各有不同。

共鸣器官：是嗓音的修饰、美化器官。使声带在呼出气流冲击下振动时，使原本发出的微弱的声音音量扩大，声音变得圆润、优美。它包括鼻腔、口咽腔、喉腔和胸腔。

吐字构语器官：主要有唇、齿、舌、软腭、硬腭。声带发出的声音经过共鸣器官的扩大和美化以后，再经过吐字构语器官的加工、调整，构成不同的元音、辅音，赋予人的思想感情，就形成独特的人声。

当发声开始时，我们的动力器官，即呼吸器官的肌肉，向声带推出气流使之振动，发出音量极小的声音，这是最初的声音的萌芽，这个由声带发出的基音是动力器官的各个组成部分整体协调运动产生的，是声音的"核心元素"，后经过共鸣器官的共鸣美化，最后经过唇、齿、舌、软腭、硬腭等吐字构语器官的加工和调整，发出我们人耳接收到的声音信号。这个声音不再是声带最初产生的基音，而是参与发声运动的四大主要器官整体协调运动产生的混合声。

有部分没有学习过发声原理的人会对自己发不出圆润优美的声音感到困惑，他们往往会归罪于自己长着一副"低劣的嗓音乐器"，那么真实的情况又是怎样的呢？当对参与发声运用的主要器官特别是共鸣器官有所了解后，这种困惑或许会稍稍减弱一些。通过对上一节的介绍，我们知道人的共鸣器官的作用是修饰声音、美化声音。它起的作用与音箱的作用是一致的。我们的人声通过音箱的共鸣可以使我们的声音音量成倍增加。如果你想使自己的声音洪亮、圆润，那么你就要很好地利用好你的共鸣器官，使它们在不同的声区充分发挥其效用，这一点对于从事歌唱专业的人士尤其重要，对于教师等以话声为主的职业，更多的应是在话声区共鸣器官的合理分配上。

"嗓音条件"是怎么回事呢？相信大部分人的第一印象就是，"高音怎么这么方便啊？""这嗓子贼亮贼亮的，金嗓音啊！""唱歌这么好听，条件真棒！"诸如此类的对话。我相信大部分人对于这个概念并不是很明确的，只是单纯地凭耳朵来判断。那么到底这个"嗓音条件"指的是什么呢？大家可以对照一下。

我一般将它分为几个类别，那就是"音色条件""发声条件""感觉条件"。

首先是音色条件，即声音的色泽，通俗地讲是指声音的形象。比如声音的亮、暗、哑、高、低、大、小等是由于每个人声带形状的不同、参与发声的肌肉群协调运动能力不同而造成的。有的声音让人听起来非常舒服，有的声音却让人感到难听、刺耳。因此可以看出，所谓音色条件的好与坏是跟人的主观喜好相关的。如果放到唱歌上，老师会说，"你嗓音这么厚，去学美声或者播音吧！""这么亮的声音，唱民歌会很好！"等一些评定语，或是听歌时你喜欢听这个歌手沙哑的歌声而他不喜欢，他喜欢的你又觉得很无趣，所以关于嗓音条件的这个"音色条件"是不能用一个具体标准去衡量的，可能需要更多的维度来判断。可能你的嗓音在某些方面可以发挥作用，但在某些方面似乎又用不上。因此我们学唱歌时最好不要先把自己嗓音的音色规定在一个"框架"里，那样会限制住嗓音的发展和运用，要知道嗓音的可塑性非常强，讲到了这一点，就要提我们刚刚说到的发声条件和感觉条件了。

发声条件，指的是发声能力的高低，它与发声习惯的好与坏有直接的关系。可能有的人唱歌的音色并不怎么好听，但是唱高音和低音非常方便，听起来没有那么吃力。我们学唱歌说到底还是要唱高音的，有些人由于天生的喉腔内部肌肉组织关系的原因使得发声习惯比较好，不需要去做发声技术的练习也可以唱好高音，这些人就是普遍意义上的"天生条件好"的人，但这些人群往往到了一定的年纪就会出现嗓音的退化，有一种唱不动的感觉，这也就告诫我们无论"天生条件"（习惯条件）再好，也需要去精进我们的发声技术，重建良好的发声习惯，这样才能使歌声永葆青春。有些天生条件好的人，由于非常注重学习歌唱的技巧，不断地进行声音的训练，他们的嗓音潜力就会不断得到最大程度的开发。如果我们去进行科学的歌唱学习，养成好的发声习惯，也可以发出"好声音"。我们人的嗓音的可塑性非常强，如果后期的学习比较得法，是可以改变我们嗓音音色，来达到"好声音"，那么达到这种"好声音"每个人学习的过程又是不一样的，有的人快有的人慢,这就要说到我们第三个条件了,感觉条件。

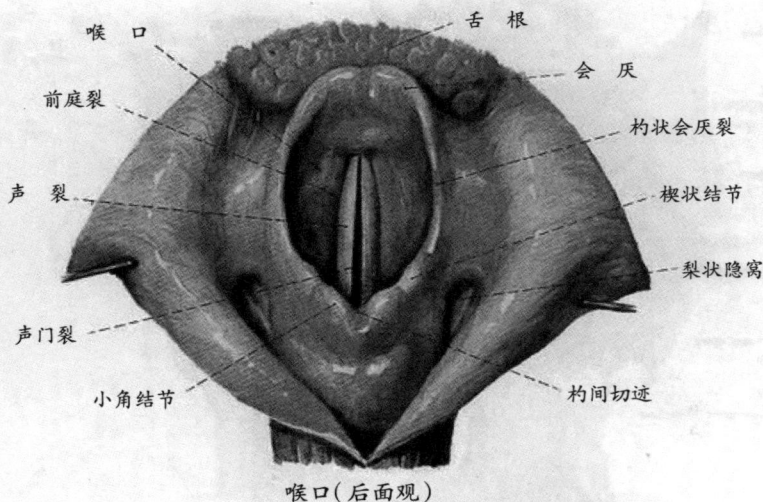

图 2-2 发声器官局部观

　　我们在学习唱歌的时候,往往采用口传心授的方式进行学习,声乐老师会做一些发声示范,让我们在听觉上建立一种正确的声音概念。由于声乐学习存在着个体差异性,每个人受教育的程度、阅历和成长环境以及性格等因素的不同,接受能力也会千差万别。有些学生很容易理解老师的要求,并且马上可以做到,这就是"感觉条件"。"感觉条件"可以解释成他调节自己喉部肌肉状态的能力比一般人强,对发声较敏感,可以"灵活"地控制。这些人往往有一个特点,就是模仿能力比较强,对音乐和声音特别敏感,演唱时很容易达到声情并茂的声音效果。那么"感觉条件"不好的人呢? 他们对自己的嗓音和对他人的声音没有那么敏感,也不知道怎么去调节和控制,相对于前者就显得比较迟钝,在演唱时往往缺乏对音乐的热情,感情不充沛。"感觉条件"往往是在学习唱歌的过程中体现出来的,判断一个人"感觉条件"好与坏,教师是最有发言权的,因为他是最直接的第一声音受众对象。如果我们说前两种条件属于判断嗓音条件好与坏"硬件"的话,感觉条件就属于"软件"了。如果前两种条件都没有的人,他的"感觉条件"比较好,那么他在学唱歌时,接受能力相比其他人而言就会较快,达到"好声音"学习的进程也就会快一些,没有这种条件的人就会慢许多。

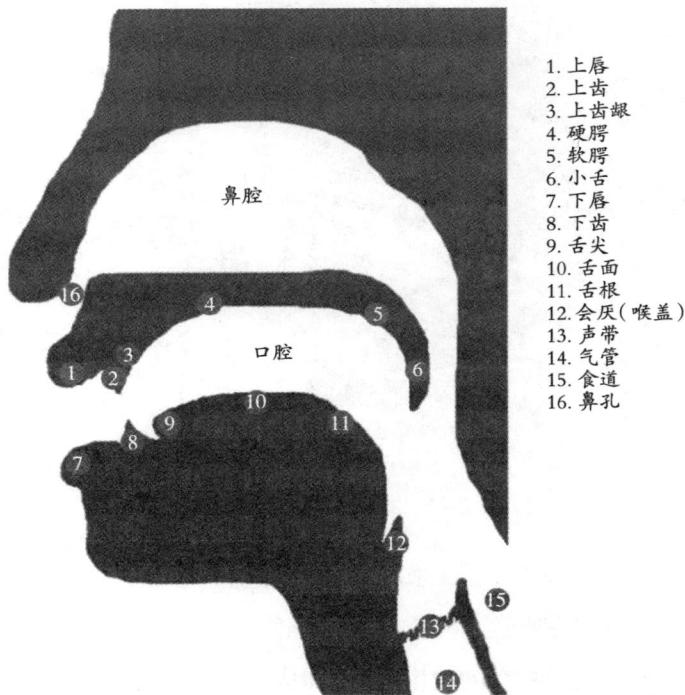

鼻腔

口腔

1. 上唇
2. 上齿
3. 上齿龈
4. 硬腭
5. 软腭
6. 小舌
7. 下唇
8. 下齿
9. 舌尖
10. 舌面
11. 舌根
12. 会厌(喉盖)
13. 声带
14. 气管
15. 食道
16. 鼻孔

图2-3 发声器官组成

二、发音正确清晰

说话者的声音,直接影响着受众的情绪。人们喜欢听到抑扬顿挫、铿锵有力和富于节奏感的声音,不喜欢听古板、死气沉沉的声音。可见,声音是否动听也影响着说话的效果。

那么,好听的声音,都有哪些标准和要求呢?

第一,正确清晰。所谓正确,是指发音正确。一方面,不可读错别字;另一方面,不能用"直译"方式将方言变成蹩脚的普通话。所谓清晰,是指吐字要清楚明晰,不含含糊糊,有正确的停顿和适当的节奏,不要前言不搭后语或者结结巴巴,使人听不明或弄不懂。

第二,圆浑清亮。如果"正确清晰"是要求声音表达科学化,那么"圆浑清亮"则是要求声音表达艺术化。其内涵主要指:声音流畅自然、圆浑雄厚、悦耳动听、有滋有味。

第三,明快清脆。所谓明快清脆,既指说话要开门见山、口到心到、心口一致、不故弄玄虚、有什么说什么,声音要干脆利索、不拖泥带水。

第四,富丽清新。所谓富丽清新是指,声音既要富于变化、丰富多彩、又要清爽新鲜、生动活泼。

第五,坚韧清越。所谓坚韧是指,声音坚实、耐久、有力、有始有终。所谓清越是指,声音婉转悠扬,给人留下深刻甚至难以磨灭的印象。

一个人发声发音正确清晰与否,往往与他参与发声的唇、齿、舌等部位的积极程度和发声方式的正确与否有直接的关系。如果一个人在发声时唇齿无力、喉咙紧绷,哪怕他拥有再好的嗓音条件,也不可能拥有完美的声音。那么除了前面介绍的嗓音的"硬件条件"和"软件条件"以外,发音正确清晰也应属于好声音的"软件条件"。这种能力完全可以通过后天的学习获得,例如通过一些口部操可以来磨练我们的口齿,使我们的发音部位更积极、有力(这将会在后面的章节中作详细的讲解),通过科学的发声训练,来锻炼我们发声的肌肉,使它更加健壮,声音和气息更加协调,使我们发出的声音更加饱满、扎实、动听!

我们知道声音的产生是靠气息冲击声带,使声带振动产生的。一个人声带闭合能力的强弱是能否发出好声音的一个重要因素。由于每个人的声带条件不尽相同,声带的长短、厚薄都存在着较大的个体差异,声带闭合能力也存在着较大的不同,对于声带闭合能力好的人,他发出的声音往往具有弹性、扎实的属性;相反,如果声带闭合能力弱的人,他发出的声音往往是虚而无力的。下面介绍一种声带闭合能力的练习:

首先,口鼻自然松开,自然吸气,同时喉咙轻轻松开,憋住这口气,喉咙感觉像是一个阀门,此时是关闭的,不漏一丝气出来(感觉惊讶得呆住了),腰腹部是一种被绷紧的状态。

其次,声带留一丝小口,漏丝丝气出来,同时发音,在这一过程中对喉咙的控制是至关重要的,一定要像阀门一样控制住气流的流量,流量越少越好。

最后,憋住气息,声带再漏丝丝气出来发声,这一动作周而复始地进行。

在这一过程中,我们吸气时声带是处于打开的状态,憋气时声带完全闭合,不发声。漏气发声时声带是处于振动的、不完全闭合的状态。声带的完全闭合就是在不让气息通过声门,不漏气的憋气的时候,此时会感觉腹部会很累,慢慢的在收紧,这时自然就是在加强声带闭合的力量。声带有良好的闭合能力,发出的声音才会更具弹性和高亢。这个可以随时练,练久了对闭合能力会有很大的改善。

第二节　人的嗓音是如何产生的

一、声带的作用

人类的声带又叫声襞,是以甲状软骨前角后面与杓状软骨声带突之间的声韧带为基础,加上声带肌和其表面的黏膜共同构成的。两侧声带及杓状软骨底之间的裂隙称为声门裂,是喉腔最狭窄的部位。声门裂的前 2/3 位于两侧声襞之间,称为膜间部;而声门裂的后 1/3 位于两侧杓状软骨的底和声带突之间,称为软骨间部。将声带和声门裂合称为声门。从外观上来看,两侧的声带如同边缘齐整的剪刀,或者像拉链一样,发声时两侧声带拉紧,声门裂变窄甚至几乎关闭,从气管和肺冲出的气流不断冲击声带,引起振动而发声,在喉内肌肉协调作用的支配下,使声门裂受到有规律的控制,从发声像上来看如同剪刀或拉链打开或关闭。

声带的色泽、光滑度、长短、松紧和声门裂的大小,均能影响声调高低和音色的变化。成年男子声带长而宽,女子声带短而狭,所以女子比男子声调高,一般要高一个八度。青少年从 14 岁左右开始变音,一般要持续半年左右。个体差异性决定每个人所发出的声音都带有独有的特性,所以每个人的音色是不尽相同的。

我们知道一件普通乐器由琴体、琴弦、琴弓组成,比如:一把小提琴它由琴体(共鸣音响)、琴弦(震源体)、琴弓(动力体)组成,如果我们想要使它发出声音,就要用琴弓搭在琴弦上给它动力,拉动琴弓从而发出声音。我们的声带是发声的主要结构,它的作用就像琴弦,琴弦的材质不同、形状不同都会直接影响到声音的质量。小提琴的弦如果损坏了,可以重新换副新的,不会影响使用,但是我们人类的声带这两根"琴弦"如果遭到了损坏,那就不是随便换掉那么简单的问题了,因为我们人的声带不同于普通乐器的琴弦,它具有不可复制性和不可替代性，如果坏掉了，我们的这件嗓音乐器如同一台报废的机器，就再也无法像以往那样正常运转了！因此我们应该好好珍惜我们的嗓音，任何破坏它的行为都应该极力避免。

保护我们的声带，首先要从如何维护和正确使用入手，我们的声带位于喉室里，喉室像一个盒子，里面装着我们的类似于薄薄的弹簧片一样的声带。声带在气管入口处，呼吸的时候声带打开，发声的时候，声带闭合。平时我们在日常生活当中一定要注意喉部的保暖，不要让自己的喉咙着凉。在发声时一定要运用正确的方法来操作我们的嗓音乐器，使它发出优美的嗓音。我们人的声带和腔体的大小都是先天的，是无法改变的生理条件，唯有学习如何合理有效地运用是后天习得的。当然有些人天生懂得如何合理地运用，张口不假思索地就会发出好听的声音，并且符合发声的原理，嗓子的耐受力也很强，一般很少遇到嗓音问题，甚至嗓子终生都没有嘶哑过。我们不排除这种个别情况，但是对于绝大部分人来说，好的说话习惯和好的声音是需要后天学习的，比如一些专业就是为获得好声音而设立的：播音主持专业、歌唱专业等等。

我们研究发声的现象首先应该从研究我们的声带开始，因为它是声音产生的源头，是震源体，是产生基音的地方。在实践中有部分演唱者始终纠结于自己的声部，特别是对于在声部鉴定过程中混合声部的歌唱者，比如有些是大声带而小腔体，有些是小声带而大腔体，出现这种声带与腔体不匹配的情况，他们往往苦恼于是唱声带，还是唱腔体呢？其实当我们知道声带在发声中所起的作用后，答案就很明显了。一切要以使声带自然振动发出最初的"基音"为基础，在发声时我们的喉咙自然松开，轻松自如地在自己最舒适的音区里发声。要避免舍本逐末的研究方法，一开始就去寻求大而强的"富有共鸣感的声音"！那绝对会使你误入歧途，会在泥沼中挣扎和痛苦多年。

二、人的嗓音是参与发声的各肌肉群协调一致作用的结果

人的嗓音虽然是件特殊的乐器，但是它的发声原理与普通乐器有异曲同工

之处，我们拿一面大鼓作比喻，鼓体相当于我们人的共鸣腔（人有三大共鸣腔：胸腔、口咽腔、鼻腔），是使声音扩大的部分；鼓皮相当于我们的声带，是震源体，是给基音的部分；鼓槌相当于我们的气息，是动力部分；演奏者就是我们本人，是主体部分。以上部分都具备了，还需要我们给它动力，才能使乐器发出声音。比如大鼓，我们要拿着鼓槌去击打鼓皮才能使大鼓发出声音，动力越足，声音就会越大。那么人的嗓音乐器就需要调动我们的气息，使它产生动能冲击声带，使声带振动起来发出声音，给的气息动力越大，声音的强度就会越大，这一发声过程中，人的发声与普通乐器相比要复杂得多，因为我们的嗓音乐器材质是肌肉，是一件精妙的"乐器"，它具有很大的调控空间，参与发声的各个组成部分有它各自的分工，同时又需要协调一致的工作，共同完成发声这一过程。发声运动是人的一个高级活动，是一个高度协调又各自有具体分工的整体运动，任何一个环节出了问题都会影响到嗓音的变化，使嗓音乐器演奏起来不是那么自如。

因此，在研究人的嗓音时，一定要建立一种整体观，避免割裂开来片面地看问题。发声现象是以喉部为中心的整体协调运动，它是有关呼吸器官、振动器官、共鸣咬字器官等在高级神经活动参与下的整体协调运动。在实际教学活动过程中，我们一定要树立整体观念，用宏观视角看待和解决发声中出现的问题。避免将呼吸、共鸣、喉咙松开、声音位置等要素分割开来进行单一的训练和学习。要建立统一整体观念，协调好参与歌唱发声的各个部分的关系。实践证明：只注重呼吸、共鸣或声音而忽视咬字吐字器官的配合，这种只重视局部而忽视整体的做法都是不可取的。举个简单的例子，在发声训练中有的老师一味地强调好听的嗓音而忽略语言，就会造成歌唱时咬字含混不清的问题，这在美声教学中容易产生，因为美声唱法源自于意大利，它的训练语言隶属欧洲体系，主要以 a、e、i、o、u 五个元音为主进行训练，单词多是以元音结尾，而我们的语言隶属汉语语系，是以普通话为标准语言进行训练，它分为字头、字腹、字尾三个部分，在咬字、念字上特别讲究字音的清晰，在发声上讲究字正而腔圆和参与发声运动的各个组成部分的协调，特别要避免"有声而无字""有字而声衰"这两种极左或极右的情况。

第三节　参与发声的主要器官是如何协调运动的

一、参与发声的主要器官

声音的形成是发声器官协调工作产生的生理现象,这个现象的产生是气息运动和声带振动两者协调运动的结果。唱歌时的发声和我们平常说话时的发音是有区别的,平常说话发音我们的声带基本上处于整体振动的状态,主要依赖于胸腔和口咽腔的共鸣,歌唱时声带振动有整体振动和局部振动两种方式,对音高、音量、音值和音色有更高的要求。而以上声音的四种物理属性的变化均与气息量的多少和向上输送气息时的压力大小有关系。歌唱是一种有关声学、音响学和心理学的复杂发声运动。

歌唱的发声器官是由呼吸器官、发音器官、共鸣器官和咬字器官四个部分组成。它们是歌唱发声的全部物质基础,是歌唱发声运动中的主要功能系统。呼吸器官,即"源"动力,是由口、鼻、咽喉、气管、支气管、肺脏以及胸腔、膈肌(又称横膈膜)、腹肌等组成。气息从鼻、口吸入,经过咽、喉、气管、支气管,分布到左右肺叶的肺气泡之中(肺中由两个叶状的海绵组织的"风箱"构成,它包含了许许多多装气的小气泡);然后经过相反的方向,从肺的出口处分支的气管(支气管)将气息汇集到两面三个大气管,最后形成一个气管,再经过咽喉从口、鼻呼出。与呼吸系统相关的各肌肉群,它们的运动也关系到呼吸的能力,是歌唱"源"动力和能量的保证。我们日常的呼吸比较平静,比较浅,用不着使用全部的肺活量,但歌唱时的呼吸运动就不同了,吸气动作很快,呼气动作很慢。如果遇上较长的乐句,气息就必须坚持住。而一首歌曲的高、低、强、弱、顿挫、抑扬变化,也全靠吸气、呼气肌肉群的坚强和灵活的运动才能完成。

发声器官,这里主要指的是我们的喉和声带。喉腔像一个精巧的盒子,位于颈前正中部,由软骨、韧带等肌肉组成。声带像两片簧片,就装在我们的喉室里,像两片薄薄的韭菜叶左右对称均匀排列。声带是富有弹性的两条白色的韧带,一般女性的声带颜色为瓷白色,较男性声带要短小;男性的声带颜色为粉红,较女性宽大。声带的形状具有很大的个体差异性,不同的人声带的大小、长短、厚薄和色泽都有差异,因此每个人都具有自己独特的嗓音音色。声带由声带黏膜、声带肌和声韧带组成。最外面是声带的黏膜层,它非常的娇嫩,如果受到损伤一般较难恢复。一些患者声带术后发声技能大不如前,一是音域变窄,二是发高音没有原先方便,原因大多是在手术过程中,声带的黏膜层遭到破坏,使声带的振动频率大大降低。两片声带的中间称为声门。吸气时声门打开,声带左右分开;呼气发声时声门闭合,声带靠拢。在声音训练过程中,声音漏气,总是掺杂着气息声,就是因为声门闭合不良。长期发声漏气就会造成嗓音疾病,比如:声带水肿、声带肥厚,严重的还会造成声带息肉。

人的共鸣器官主要由头腔、口咽腔和胸腔三大共鸣腔体组成。它们就像是自上而下叠置起来的组合音响,在发声运动过程中共同完成声音的美化任务。我们在使用嗓音乐器的过程中一定要善于合理运用共鸣,在不同的声区运用共鸣腔体的比例要有所区分,中低声区以胸腔和口咽腔的共鸣为主,高音区以头腔共鸣为主。我们要做一个高明的调音师,根据不同的声区调出最好的声音,避免使用共鸣不当,造成中低声区要么是白声,要么是虚声;高音区要么大喊大叫,要么声音尖亮、刺耳。只有合理运用共鸣,才能产生优美动听的声音。

咬字器官又称为语言器官和构语器官,它由我们的唇齿、舌和上腭等部分组成。咬字器官在发声运动中起着一个语言定位的作用。语言由元音和辅音组成,辅音又有清浊之分。清辅音声带不振动,浊辅音声带振动。辅音构成字头,元音构成字腹。我们的语言要靠各个语言器官积极地协调一致地完成整个语音过程。每一个辅音和元音都有它特定的着力点,拿 A、E、I、O、U 五个元音来讲,它们的着力点在上腭的排列,最靠前的是 I 元音,然后依次是 E、A、O、U。我们一定要明确不同元音和辅音着力点上的不同,这是保证字正和字清的前提和物质基础,避免出现咬字器官不积极造成的字音不清和因为着力点错误导致的字音不正问题。

发声运动是由各个器官共同协调一致来完成的,它是一个整体统一的过程,不能把各个部分割裂开来。在发声器官中,声带是核心要素,它好比是乐器的琴弦,是整件乐器的核心部件。即使一件乐器拥有华美的外表,一旦琴弦出了问题,无论如何也弹奏不出好听的声音。因此,我们平时一定要保护好声带,科学地使用它,以免让它受到损伤。同时我们要正确地运用呼吸,科学合理地使用共鸣,加上正确的咬字吐字,把参与发声运动的各个部分充分调动起来,才能达到我们想要的声音效果。

二、有趣的发声过程

人的发声是个非常有趣的现象,人之所以成为高级动物,一个最典型的标志就是有语言,而动物是没有语言的,即使是再训练有素的动物,像鹦鹉、八哥等也只是能发出简单的音节。世界上不同地区的相同动物发出的声音几乎是一样的,并不会因为国家的不同而产生不同的叫声,而人类因为地域不同就会产生出不同的语言文字,这是一件多么有趣的现象!把人的身体比喻为一台大的发声机器,或者说像一辆跑车,如果需要发动我们的发声机器的"马达",就需要有足够的能源(或者说燃料),此时我们从外界通过呼吸器官吸进来的大量空气就充当了"能源"的重要作用。一定要注意这个"能源"的供给在发声运动中是至关重要的。吸进来的空气被储存在肺里,吸气时位于肺底的一个结构,也就是我们所说的膈肌,它就像一个活塞被迫下降,这个过程都是属于"能源"供给的过程。下一步就是具体的动能转换为声能的过程了,我们利用挤压腹部的方式,向上有控制地慢慢推送气息,此时我们的"活塞"也是慢慢上升的。这个过程非常缓慢,它要在输送气息的过程中尽力保持吸气时向下的状态,以此保持一种上下对抗的力量,达到一种力的平衡,向上不断呼出的空气达到我们的喉部,冲击我们的声带,在伯努利式作用下振动发出"喉源音"。

在这一发声过程中，掌管声带开启与闭合大门的是我们的环杓关节，它就是守在声门两旁的忠实门卫，敬业而负责任地根据人呼吸和发声的具体需要，使我们的声门打开或者是关闭。如果环杓关节出了问题，我们声带的正常开启与闭合就会受到很大的影响，就会产生这样或者那样的嗓音障碍。有一点我们需要明确，起初我们发出的喉源音是非常微弱的。因为我们的喉室空间还不够宽阔，要想使声音的音量成倍增加，那就需要更大的空间使声音得到润化和加强，与喉腔相比，我们的口咽腔、鼻咽腔和胸腔就显得宽阔得多。一个优秀的歌唱家能够有效利用这三种共鸣，根据声音的需要协调这三种共鸣之间的比例，以求呈现更加完美的嗓音。当然，在发声过程中，离不开口、唇、齿、舌等构语器官的配合，才能最终形成语言。如果我们对发声运动作总结，能源就是我们的气息，动力（或者马达）发力的部位就是膈肌，气息就像是一台机器的传输带，参与发声的各个组成部分都是在它的带动下，有机地组合在一起，协调一致地工作。

需要指出的一点是，任何时候都不要忽视我们眼睛、手等肢体语言的动作，它们能够有效地帮助我们发出更加富有情感的语言，例如扬眉的动作、炯炯有神的眼神、舒展的手部动作，都可以使我们的声音听起来更加积极而富有活力，恰当的肢体语言像一对展开的翅膀，它可以使我们的语言更加绘声绘色，使演唱者更容易达到声情并茂的艺术效果。

总之，人的发声运动是参与发声的各个发声器官整体协调运动的结果。在这一过程中，气息为统帅，自古就有"气为声之帅也"的说法，可见它在发声过程中的重要性，它就像一条线把参与发声的各个组成部分串联起来。喉部是整个发声运动中的"交通枢纽"，它直接关系到声道是否畅通，因此喉部的放松是关键，它是嗓音训练首先要解决的问题，只有这个问题解决了，其他的问题才能逐一得到解决。

第四节　发出好声音要符合的音箱共鸣原理

一、音箱共鸣原理

通过前一节的介绍,我们知道,声带是我们的发声器官,起初它在喉部发出的喉源音,声音是极其微弱的。其实我们人耳听到的声音都是经过各个共鸣腔滤化后的混合声。在物理现象中产生共鸣需要具备几个条件:第一就是要有震源体。在发声运动中,我们的声带就是震源体;第二就是大的空间,我们腔体的"腔"字,它的结构中就带着一个"空"字,因此凡是有腔的必定是有空间的;第三个条件就是空间里要有空气,在真空的环境里是不可能产生共鸣的。这三个条件缺一不可,举个简单的例子:我们在户外发声听起来远没有在室内音量大,就是缺少共鸣空间的原因。室内环境越是空旷、开阔,共鸣效果就会越好,一个堆满了杂物的房子与一个空房子相比,共鸣效果的大小是显而易见的。

我们来回忆一下世界上一些剧场的建筑形状,特别是古罗马的建筑,它们往往具有地平、顶圆、上窄下宽、圆周弧顶、高直竖立的特点,厚实的砖石结构是声波反射的必要物质条件,越是坚硬的质地,声波反射的力度和速度就会很强劲,就会产生强烈的共鸣;室内拱形半圆状是形成声音良好共鸣的重要因素。

人的共鸣腔体分类比较复杂,主要包括声带所在喉腔、口咽腔、头腔(主要指鼻咽腔)、胸腔等等。人在发声后,声音在整个通道中,因为腔壁张力的变化,致使空间大小改变。共鸣是整个身体参与歌唱发声的各个组成部分整体协调运动的结果。如果运用的各个腔体比例不同,就会产生不同的混声效果,出现不同的声音色彩。

从一般意义上来讲,如果想发出低沉、浑厚的嗓音,对于歌者而言演唱低音区时,往往会加大胸腔的共鸣;我们平时讲话的音区一般在中间声区,以口咽部的共鸣为主；对于歌唱者而言想要发出高亢而又明亮的高音，一定会加大头腔的共鸣比例，越到高音头腔占的比例就会越大。这几个声区之间共鸣比例的恰当运用是产生好声音的核心技术。

曾有专家就好声音的产生打过这样一个比方：一列火车从山洞里开出去，气息是车头，共鸣体是这个山洞，火车顺畅通过后才会有好声音。在气息的带动下，由声带发出的最初的基音，经过胸腔、口腔、鼻腔等全身配合的共鸣，把火车开出山洞，这个好声音才算完整漂亮了。如果山洞出现了问题，不够通畅甚至难以通过，那么就会影响声音的顺畅性，进而影响到音色甚至是音准。

在这里，我们把人的共鸣腔体称为一级共鸣，二级共鸣就是我们的剧场，三级共鸣指的就是真正意义上的音响。随着现代电子技术的飞速发展，形形色色的扩音器在录音过程中或是在舞台上都发挥了巨大的作用，特别是对于演唱流行歌曲和通俗歌曲的歌手们，一个好的音响会使他们的声音得到最大程度的美化，产生最佳的共鸣效果。对于一些美声唱法的歌唱家，除了在个人的音乐会上会用原汁原味的声音演唱外，在一些演出中利用话筒和音响的情况也越来越普遍。

二、唱法不同对共鸣腔体使用的要求就会不同

我们在前面曾对好声音做过相关的介绍，对好声音的界定也是"仁者见仁，智者见智"，不同的学者会提出自己的理解和主张，无论用什么样的标准来衡量，我想最终有一条是能引起大家共识的，那就是从听觉上来讲给人感觉舒适的声音。

自古至今由于运用共鸣的不同诞生出很多唱法流派，国内声乐界也一直流行着三种唱法的声音划定，在一些大型的国内赛事上根据唱法的不同，划分为不同的组别，如青歌赛中的"美声唱法""民族唱法""通俗唱法"，后来又加了"原生态唱法"。

我们认真研究出现以上几种唱法的根源，实际上是由于在发声过程中运用

不同的共鸣,造成不同的声音形象和色彩产生的。

美声唱法:发源于意大利,它的原意是美妙的歌声。它强调声音上的圆润饱满,三腔(胸腔、口咽腔、头腔)的整体共鸣;讲究发声上的高位置和较深的气息支持;声音上以竖、圆和具有宏大的音量为特点。在比较正式的音乐会上,歌唱家演唱时一般不使用麦克风等扩音设备。美声唱法根据声带的长短厚薄、腔体的大小程度等因素把人声划分为不同的声部和声种。比如:男(女)高音、男(女)中音、抒情男(女)高音、戏剧男(女)高音等等。美声唱法(现在有学者称为欧式唱法,以此区分我们的民族唱法)。因为有诸多专家学者的潜心研究,歌唱理论与训练方法非常完整和系统。据在艺术嗓音领域研究多年的专家调查研究证明:美声唱法更加符合嗓音发声的自然规律,强有力的深呼吸状态和较低的喉头位置,更加有利于喉咙的松开和喉肌的放松,从而大大降低了声带损伤的可能性,延长了声带的使用寿命,从嗓音保健的角度来讲,更加有利于保持歌喉的健康。

民族唱法:目前有些学者称民族唱法为中国唱法,以此与美声唱法区分开来。民族唱法主要演唱具有浓郁民族特色的歌曲。由于我国地域辽阔,有二十六个少数民族,因此民族唱法具有典型的地域特征。在咬字吐字和行腔上讲究字正腔圆和韵味。民族唱法在使用共鸣上与美声唱法不同。美声唱法要求整体共鸣的效果,讲究各个共鸣腔体的充分打开和利用,而民族唱法在运用口咽腔、头腔和胸腔等各个共鸣器官时没有美声唱法用得多,只用部分共鸣。民族唱法发声上注重发声的自然性,强调"字正腔圆"。由于民族唱法在声音的使用上不使用整体共鸣,因此音量上比美声唱法要小一些,在演唱时,演唱者往往要借助一定的扩音设备,以美化声音的共鸣效果。民族唱法不像美声唱法有较为明确的声部划分,一般不分声部,声音规格上要求脆亮和甜美。

随着我国声乐艺术的不断发展,当前民族唱法明显反映出"中西结合"的特点,在发声上借鉴了很多美声唱法的演唱技巧,声音较以前圆润流畅,高音通透具有泛音,如"美民唱法""民美唱法"的诞生,便是两种唱法的有效结合。

通俗唱法：通俗唱法从字意上来讲可以理解为一种"大众唱法"，因这种唱法听众听起来通俗易懂，语调自然亲切，感情真挚，没有过大的音量，如同人与人之间的自然交流，所以深受普通大众喜欢。它最大的特点就是简单易唱，虽然在国内起步较晚，但其迅猛的发展势头，从某种程度上来看，已超过了美声唱法与民族唱法。通俗唱法在歌唱上不需要太多的共鸣腔，主要利用口咽部的共鸣，借用电声扩大混响等音响设备这个巨大的体外共鸣器，获得良好的共鸣效果。从演唱效果上来讲，通俗唱法以宣泄演唱者内在真情实感为主，如果离开了情感的抒发，通俗唱法就失去了植根的土壤。从嗓音保健角度上来讲，由于通俗唱法对歌唱发声技巧不像美声和民族唱法要求那么规范，为了表达内心的情感，歌者往往会忽略嗓音的科学使用，而去追求多变或富有个性的嗓音音色，所以歌手嗓音受损的程度和几率远远大于美声唱法和民族唱法。

想要发出怎样的声音，这完全取决于人对声音的判断和要求，一个优秀的歌手能够玩转自己的嗓音乐器，轻松自如地做各种嗓音的游戏、驾驭多种唱法。没有人能够规定什么样的声音是好听的，这取决于大众审美，也取决于个体对声音的审美标准。但有一条就是一定要尊重发声原理，不管哪种风格，如果你没搞明白发声原理而一意孤行，结果就可能缩短你的歌唱生涯。世界上没有哪种歌唱方法是绝对正确的，任何演唱方法都是相对而言、因人而异，因为人的嗓音乐器具有特殊性，世界上不存在两副完全一模一样的声带，如同找不出完全相同的人的两个面孔一般。

三、嗓音乐器和普通乐器共鸣腔的异同

人的共鸣腔体和普通乐器相比最大的区别在于它的可调控性。它可大可小，可长可短，由此可以发出具有不同"色彩"的声音，人的嗓音乐器的奥妙之处也正在于此。一名优秀的声音模仿师可以通过调整自己共鸣腔体的大小与长短，发出形形色色不同的声音，轻松自如地和自己的嗓音乐器做游戏，可以发出各种动物的叫声和模拟大自然中所存在的声音，真的是太奇妙了！一名出色的歌手

在演唱时能驾驭各种唱法，做到声音的"百变"，他们就像是一名"声音"的魔术师，在表演时令人震惊。

相比之下，乐器的共鸣腔体是音箱，它是固定的、不可控的。因此钢琴发出的声音就是钢琴的音色，它不会变为其他乐器的声音。普通乐器的共鸣效果一般受乐器本身材质的不同和音响空间大小的影响。比如竹制的短笛和金属做的长笛所发出的声音的音色是完全不同的，当然普通乐器音色的优劣还受演奏者技术水平的制约。那么我们人的嗓音乐器发声是一个极其复杂的过程，音色的不同受很多方面因素的影响，不单单是共鸣腔体这一方面。下面谈一下影响人的嗓音共鸣的因素。

尽管声音是声带振动产生的，但声带的振动源于呼吸。来自肺的呼气气流冲击我们的声带，使声带黏膜振动从而产生声音。呼吸在发声过程中起着一个重要的作用，"不会呼吸就不会发声"这句话从一定程度上强调了呼吸在发声中的重要性。气息的深度决定了发声的质量，如果在发声时气沉丹田，从丹田发力，各个共鸣腔充分发挥作用，"裹着气儿"的声音与仅从口腔里发出的声音的效果是完全不同的，前者的声音会更加饱满与扎实，相比之下后者的声音感觉就会单薄得多。

人的情绪也会影响到声音的共鸣效果。充分地调动情感，具有良好的舞台表现力，对声音也会有很大的影响。我们知道歌唱演员在歌唱时特别讲究"以情带声、声情并茂"。当人的情绪饱满时，非常有利于共鸣腔体的扩张，发出的声音往往是饱满和昂扬的。比如有些人唱歌技术没有什么问题，但总感觉平淡如水，而有些人的歌则很有感染力，这就是唱歌的人在情感上的表现力不同造成的。

总之，要想获得好的声音就要充分利用音响的共鸣原理，调动我们身体各个部位的共鸣腔体，根据声音的不同要求，利用发声技术调整各个共鸣腔体的共鸣比例，发声者本人就像是一个调音师，能否调制出均衡、协调、统一的音色，完全取决于我们自己。

第五节　发出好声音要运用的喇叭原理

一、掌握喇叭原理的重要性

我们知道声音是由从外界吸进来的空气，从下而上冲击声带发出后，经过胸腔、喉咽腔、口腔和鼻腔等各个共鸣器官的共鸣润化作用最后由口腔送出来。声道就像一个喇叭的形状，喇叭的嘴子就处在口咽部，唱歌时要求松开口咽部打开牙关，指的就是要找到歌唱的"真正的嘴巴"，它是发出好声音最基本的前提。有很多歌者具有良好的声音条件和歌唱技术，却难以发出悦耳动听的声音，听他们演唱时总感觉声音闷在喉咙里，歌唱费力。特别是一些美声唱法的演唱者，他们往往把喉咙撑得过大，过多地追求洪大的声音。这种理念会造成歌唱者自我感觉声音很大，而处于大剧场稍远一些的听众却只能接收到很有限的声音，原因就是歌者在运用歌唱技术调节自己的嗓音乐器时，忽略了我们发声时的扬声原理：喇叭原理。喇叭的基本形状是前口略大于后口的，如果口咽部开得过大，势必会造成声音的后倒，扬声效果会大打折扣，同时也会伴随着产生灰暗声音，一方面会影响好声音的扬声效果，更糟糕的是如果长期这样做而不加以调整歌唱理念，发声器官因人为的撑大或缩小而不是自然地松开，会造成一定的损伤。作为一名艺术嗓音工作者，笔者在长期从事声音的矫治和康复工作中发现，不正确的声音概念和错误的发声方法是造成嗓音病的主要诱因。

前一节我们讲到发出好声音的音响共鸣原理，同时还要了解发出好声音要运用的喇叭原理。在长期的艺术实践过程中，笔者作为一名声乐教员发现，从事歌唱事业的很多朋友们，对歌唱的音响共鸣原理重视有加，而对声音的喇叭扬声原理却往往忽视了。

二、了解喇叭原理的相关知识

人人都希望自己有一个好嗓音,唱歌时能一展动听的歌喉。然而唱歌是一门技艺,需要各个器官的密切协作。中央音乐学院赵登营教授曾经说过:"歌唱时,发声器官除口腔、鼻腔等体外器官外,大部分器官均生长在体内,既看不见也摸不着,这些器官的神经反射均不敏感,因此,要想改造其性能并非易事。"

歌唱是一门较为抽象的艺术,它既看不见也摸不着。它主要是在人脑支配下,调节参与发声运动的肌肉群共同完成发声行为。它要通过不断的正确的发声训练,使参与发声的肌肉形成肌肉记忆,最后形成条件反射的下意识行为。因此歌唱是由我们的心理、生理共同参与完成的。

歌唱时,我们要依靠呼吸器官比如口、鼻、气管、支气管、肺、横膈肌等完成气息的吸入和呼出。呼气和吸气要交替进行,形成良好的循环。歌唱时我们要做到气息顺畅,需要把气息很好地由口腔和鼻腔送出体外,如果只有吸没有呼就会造成憋气;光有呼没有吸,就会气息不够用。因此要善于控制好我们的呼吸,在心理的支配下,感觉呼中有吸、吸中有呼,做到有效使用呼吸。

发声的核心是我们的发声器官。发声器官中声带如同乐器的琴弦,喉头如同拉弦乐器的琴码子,两者在整个发声过程中起着举足轻重的作用。喉头的上端上面连着舌骨,下面接着气管。在我们的发声过程中还有一个重要的器官,即会厌。它位于声带的上方和气管口上,因卷曲程度的不同,它的形状大致可以分为卷叶状、半卷叶状和扁平状3种。它的形状是嗓音工作者鉴定声部时的一个参考依据,一般来说,高音声部卷曲程度大一些,中声部卷曲程度小一些。在发声时会厌的抬举状况和卷曲程度会影响到发高音方便与否,抬举越好卷曲程度越大,发高音就越容易,反之就困难得多。除了会厌的形状和抬举程度会影响发声外,声带的大小、长短、厚薄也会对发声产生巨大的影响,一般高声部的人,其声带偏短小和薄一些,因此发高音就相对容易一些,反之则困难。检查声带是嗓音工作者进行声部鉴定时的重要一环。

我们的喉原音发出的音量是极其微弱的,它要借助各个共鸣器官,才能产生丰满的声音效果。共鸣腔体相当于音箱,它使喉原音音量成倍增大后,最后经由口和鼻送出。共鸣腔体大小状况也是声部鉴定时需要参考的重要指标。从一般意义上来讲,高声部较中低声部腔体要小一些,当然我们要排除一些腔体和声带不匹配的情况。

我们的嗓音之所以会有千差万别的变化,除了每个人生理构造上不同外,也与每个人发声心理和发声技能不同有很大的关系。

在歌唱运动中如果表演者歌唱心理放松加上较高的发声技能,往往会取得很好的声音效果;反之如果表演者歌唱心理过度紧张,就会造成参与发声运动的各个部分的失调,就不会取得令人满意的声音效果。

声音具有4种属性,分别是音高、音值、音强和音色,它们由振动体振动的次数、时间、振幅的大小和振动体产生泛音的多少来决定。

音高指的是声音的高低,而声音的高低是由声带振动次数的多少即频率的高低来决定。振动次数越多,频率就越高,发出的声音就越高;反之,就越低。声带的大小、长短和厚薄都会对声带振动产生不同的影响。一般来讲,声带越小、越短、越薄,单位时间内声带振动的次数就越多,发出的音调就越高;反之,就低。男生的声带较女生的声带更长、更宽、更厚一些,发出的声音就低沉,比女生要低一个八度。

音值指的是声音持续时间的长短,声带振动的时间越长,发出的声音持续的时间就越长,反之就越短。在发声过程中声音持续时间的长短受个体因素的影响,比如个体对呼吸的控制能力越强,声音就越能持久,个体对呼吸的控制能力较弱时,声音的持久性就差一些。

音强是指声音的强弱变化,由声带振动的振幅大小决定,振幅越大,声音越强,反之,声音就弱。在我们发声时,声音的强弱与声门下气压的大小有关,声门下气压越大,声音的强度就大,反之,就越小。

从字面意义上来讲,音色指的是声音的色彩。它的形成受振动体的材料、质地等因素的影响,比如钢琴的音色和琵琶的音色就截然不同。音色由振动体产生泛音的数量来决定。声带的振动分为整体振动和部分振动,由此产生的音称为基音和泛音,两者共同组成的音称为复合音。音色是鉴定声部的重要依据之一。例如:抒情女高音,音色偏明亮柔美;戏剧女高音音色偏结实、浑圆等等。另外音色往往是判断声音质量好坏的重要指标,它是一个人发声质量高低的综合体现。

影响发声质量的因素有很多,其中一个重要的因素就是我们喉头位置是否妥当,它是检验一个人发声状态是否稳定的重要参考指标。在声音训练过程中,人的喉头位置的高低受呼吸状态的影响,所处的位置比我们平时讲话时要偏低一些。嗓音训练师一般会启发学员试着做半打哈欠状,把喉头轻轻地吸下来,让喉头略微下降,此时我们喉部的舌骨和甲状软骨也会拉开,喉管拉长,喉肌舒展放松,这样再发声时,你就会发现发出的声音较为松弛、圆润,音色也更为悦耳好听。

俗话讲得好"声音好不好,要从气上找",可见呼吸对发声的影响之大。在发声时一般采用胸腹式联合呼吸,像闻花香一样轻轻把空气吸到我们的肺底,我们的整个胸腔就像大提琴的音箱一样,感觉里面充满了空气,在发声时我们要尽可能地控制气流量,避免它很快流光。因此要尽可能保持一种吸气的状态,同时心理上要有一种"吸中有呼,呼中有吸"的感觉。因为发声的过程是一个呼气的过程,如果只强调吸气,往往就会造成憋气的现象;反之,如果一味强调呼气,气息就不能很好的保持,因此我们要采用一种辩证的思维考虑发声中的呼吸问题,因为呼和吸本身就是一对矛盾体,我们要学会在矛盾中找到呼和吸的平衡,才能控制好我们的呼吸。

除了以上介绍的喉头位置和呼吸状态会影响发声质量外,最为关键的发声部位即声带是我们必须要考虑的。声带犹如琴弦,是嗓音乐器的核心部位,它的振动状态直接影响我们嗓音的质量。一个好的声音一定是声带充分振动的结果,遵循在不同的声区、声带的不同振动模式,整体振动和部分振动有效地结合起来，即声乐训练技术中真假声的混合问题，不要出现真假声"打架"，而造成声音的失调。

真假声混声的比例有多种样式和表现形式，因唱法不同而不同。例如民族唱法往往是以真声为主，混合少量的假声，声音效果明亮、结实，风格质朴自然；美声唱法正好相反，它是以假声为主，混入少量真声，声音效果听起来空灵、轻巧，风格隽永秀丽，一般女高音采用此种方法；还有的真假各半，这种唱法歌风宽广，可以演唱不同风格的作品，嗓音的可塑性非常强；还有一种下真上假，就是中低声区完全用真声演唱，到高音区用假声。这种唱法往往是为了作品风格的需要而采用的。

总之，要想发出好听的声音，从一般意义上来讲就是嗓音是否优美动听，就需要考虑影响嗓音的各种因素，从生理上、心理上、发声技术等方面来综合考虑。

三、如何有效利用喇叭原理发出好听的声音

我们的美好嗓音在身体内发出后，经过各个共鸣音响的润化和修饰后，最后一个步骤就是让它飞出身体了。此时扬声的概念在我们头脑中显得尤为重要，首先要保证我们声道的畅通无阻。喉腔是我们声道的一部分，要保证它轻松自然的扩张状态，就像是我们张嘴仰头向口中倒水的感觉一样轻轻地松开，切忌不要过于撑大或挤压我们的喉腔。当声音飞离我们的身体之前它需要穿越两道门，第一道门就是我们的牙齿，第二道门是我们的嘴唇。我们知道真正的喇叭都是由金属做成，它是坚硬的。我们人的口腔这个喇叭口是肌肉，如果在发声时唇齿无力，就会造成咬不住字头、吃音的现象。因此在发声时，我们的唇齿在一定程度上是积极的，唇齿力量可以通过做一些针对性的口咽操得以增强。还有喇叭口的开度问题也是一种重要的概念，喇叭的开口向外舒展，一般都是稍大于内径，因此在发声时我们的口唇部位绝不能紧紧贴在一起，要稍稍分离，嘴唇感觉要向外稍稍分开，切忌向里紧紧裹着牙齿。目的就是要造成一个良好的扬声状态，让声音顺畅地飞离我们的身体。

第六节　发出好声音的动力学原理

要想发出好的声音,既要具备有关的嗓音生理解剖知识,还要具备有关嗓音的物理学知识。除了我们前面介绍的有关知识外,还要掌握发出好声音的动力学原理,它是歌唱发声的动力因素和核心技术,就好比我们要开一部车,要懂得如何才能使我们的车子发动起来。

一、发声的动力

前面我们讲了发声的振源体即声带,也讲到了发出好声音的音响共鸣原理和喇叭原理。我们在这里打个形象的比喻来解释发出好声音的另一大原理的重要作用,即动力学原理。现在假设有一面大鼓摆在我们面前,声带好比鼓皮,是振源体,鼓体好比是我们的共鸣腔体,如果我们想使鼓响起,还需要一个工具,那就是鼓槌。我们从外界吸进来的空气就好比是鼓槌。只有用鼓槌去击打鼓皮,才能使大鼓发出声音,这个击打的动作就是一个发力的过程。在发声过程中就是调动我们的气息发出声音的。

在我国传统声乐理论中有"气催声发、声靠气传、无气不发声、发声必用气"的说法,也有"善歌者必先调其气"的提法,都强调了呼吸在歌唱中的重要性,良好的呼吸支持是歌唱的动力与基础。自古至今有关呼吸的论述很多,有许多优秀的歌唱家对于呼吸都有自己独到的见解,有人直接强调发声时我们呼吸的动力来源于小腹处。

懂得动力学原理如同了解一部车的发动机那么重要,它是发声中的核心部分和关键技术。甚至有的声乐研究者说,"不会呼吸就不会歌唱。"虽然话有些许偏激,但也足以说明呼吸这一动力因素在发声运动中的重要性。

二、科学的呼吸

职业嗓音发声运动中的呼吸（比如歌唱、朗诵、演讲等等）是有别于我们平时的呼吸的。但是它与平时的自然呼吸又密不可分，它一样强调自然性，与我们平时呼吸的不同是它更加强调呼吸的深度和对呼气量的有效控制，这就要特别讲究呼吸的科学性。在发声时，有的歌手担心自己的气息不够用，为了使气足、气长，总是试图将气吸得越多越好，结果往往事与愿违。过多的气息不能及时转化为动能，就会憋在身体里，造成气息不通畅，声音紧，喉头硬，声音滞重。气息的运用与发声是一个高度协调的动作，声音的大小、高低、强弱来决定气息的多少和压力的大小。

美国著名歌唱家莫瑞斯·杰奎特曾经在其著作《歌唱与身体》中有一段关于歌唱呼吸的恰如其分的描述："歌唱者可以观察歌唱中的小鸟，它怎样用那么一点点气息唱出那么清脆的声音，它如何一直不停地歌唱着，使你听不出来是在什么时候换气的。这样就可以相信，唱一句歌并不需要吸进像充满气球那么多的气息。"这段描述带给我们很大的启发，歌唱者必须养成在不知不觉中自如换气的习惯，一切都不要刻意地吸气和换气，要在下意识中完成吸气和换气的动作。

要恰如其分而自然地让气息像流水般流进我们的身体里，切忌粗暴的、刻意的、主动的猛吸一口气，甚至是伴随着肩部的上耸和抬高胸部的吸气。

呼吸在歌唱中起着极其重要的作用，良好的呼吸可以使我们心胸开阔，头脑清爽，精神焕发。它可以使气息饱满、运动起来气韵流动，声音流畅。

科学的呼吸一方面包括科学的吸气，另一方面包括科学的呼气。吸好气的关键是正确的呼气，它可以有效地解决气息上的问题。

有许多声乐大师都十分强调呼吸的重要性，比如，"在歌唱时，不会呼吸就不会歌唱""谁掌握了呼吸，谁就拿到了歌唱的金钥匙"等等诸如此类的语句，都在很大程度上强调呼吸的重要性。在发声运动过程中，呼气起着十分重要的作用，呼气正确与否,决定声音质量的好坏。当我们在呼气时,引起我们肺容量的变化,这个变化由我们胸腔的胸壁和横膈肌的扩张和收缩共同完成。收缩时,外界大气压和胸廓内气压存在着一定的压差,呼气时胸壁和横膈肌的收缩使肺排出气体,此时胸廓的容积变小,压差变小,在外界大气压的作用下,气息自然就会流进身体,不需要刻意的主动吸气。在发声过程中,对呼气动作的控制却是主动的行为,因为发声时追求的目标是尽量用最省的力发出最有振动感的好听的声音。在发声时我们要主动地有意识地加大腹部挤压推送气息的压力,使呼出的气流得到有效控制,此时我们小腹的感觉是有一股向里和向上挤压推送的力量,有节制地慢慢把我们肺内的气流推送到喉部,使处于喉部的声带振动发出声音。

有关呼吸的方式,声乐界普遍推崇的是胸腹联合呼吸,即由胸腔与横膈膜同起作用。纯粹腹部的或单独肋骨的呼吸是没有的。人体的呼吸运动天然就是一种胸腹式联合呼吸法,是呼吸器官协调平衡的结果。这种协调是吸气肌肉群和呼气肌肉群之间的一种高度协调,平衡主要指的是参与发声运动的各肌肉群之间力量上的平衡。吸气时一般需要口鼻同时吸气,也可以单纯用鼻子吸气,要根据不同的情况采用不同的吸气方式。比如在演唱速度比较慢的歌曲时,用鼻子吸气就够了;假设是速度比较快时,单纯用鼻子吸气就不够了,此时要采用口鼻同时吸气法,才能满足呼吸的要求。

三、有效呼吸的练习方法

意大利著名歌唱家卡鲁索曾经说过:"一个歌唱者能否走上成功之路,首先要看他对呼吸器官的操纵与控制是否建立了巩固的基础。"为了获得正确的呼吸、拥有一个良好的歌唱动力,歌唱家们特别重视呼吸的练习,并且持之以恒进行科学的、系统的练习。下面具体介绍几种练习呼吸的方法:

1. 运动法

我国著名京剧表演大师梅兰芳先生,特别喜欢一边散步一边吊嗓子,因为发声行为实质上是一种运动,当我们处于肢体舒展的运动状态时,更容易获得呼气与吸气的平衡,从而达到声与气的协调。这对于有刻意吸气和换气动作、并且发声时气息僵硬、声音滞重的练习者来说,是一种有效的练习方法。老师可以试着让练习者边走边做发声训练,如果辅以一些肢体动作效果会更好,比如:做手臂伸展的动作或接球的动作,也可以让训练者一边慢慢小跑,一边发声等等。

2. 长音练习

长音练习可以有效增强我们对气息长时间的控制能力,练习时我们可以先轻轻地吐一口气,然后口鼻同时吸气后,撮起嘴巴轻轻地发"呜"音,注意发声时力量和注意力放在嘴唇中间 1/3 处,同时伸出手放于嘴边检查呼出的气流是否均匀、流畅。发声过程中腰腹部一定要保持一种往外扩张的感觉,上腹部有往内、往上的力量。整个发声过程中,心理上要有一种吸中有呼,呼中有吸的感觉,这样一直到哼唱完,立即原地放松,恢复准备阶段时的状态,再进行吸气之后,又哼唱第二句,如此循环练习。

长音练习也可采用传统的绕口令练习法,比较有代表性的练习材料就是《数枣儿》,这在后边章节中会有专门介绍,在此不再赘述。

长音练习也可采用一些无声的练习法,比如单纯性的吐气练习。练习的方法同第一个练习,区别之处在于由发"呜"变为吐气的气息声"呲"音。在做练习时,可以用秒表来记录每次的时间以此检验自己对呼吸的控制能力。

3. 弹性练习

弹性练习可以有效练习气息的弹性,使我们的声音更灵活,更有弹性。传统练习气息弹性的方法就是"蛤蟆气"练习。

"蛤蟆气"又叫"狗喘气",它是中国传统京剧训练中的名词。为什么要将这种训练气息的方式用这两种动物来命名呢? 蛤蟆与狗虽然是两种不同的动物,但是它们在呼吸支持上对我们人类的发声有很大的借鉴意义。如果仔细观察蛤蟆,当它静止时,可以看见它的大肚子(腹腔囊)是一直在呼张的,并且可发出有气息控制的大气泡,在它跳起的一瞬间,它的下腹腔囊猛烈收紧,并且跳得很远、很高;同样,狗在运动或休息时,可见它的腹部总是不停地在吸张弹动。在发声时我们可以借鉴蛤蟆那样自然吸张的稳劲的气息,特别强调丹田力对气息的向上推送而产生弹性。我们还可以想像一下婴儿的啼哭声,婴儿在啼哭时小腹总是在有力收缩和自然放松,发出的声音非常响亮。一般来说,婴儿即使长时间啼哭也不会哭哑嗓子,这得益于他天然地运用了正确的呼吸方式。

练习方法:要求先自然张开嘴巴慢慢吸气,吸到胸腔饱满时,一方面尽力维持胸廓饱满状态,另一方面则运用横膈膜与腹肌(下丹田)相对抗,不断作短而轻微的"呼气""吸气""呼气""吸气"的动作,到实在无力继续时才可停止。开始做时练习速度可以慢一些,每秒钟大约一呼一吸两次;以后动作逐渐加快,到能够很稳健灵活地每秒钟约一呼一吸四次。做这个练习要做到能够一口气连续快呼快吸3分钟以上才算合格,直到练到具有能够获得自动吸气和换气的能力。做这个练习时一定要注意小腹(下丹田)与横膈膜之间的作用关系,当下丹田收紧时,横膈膜自然扩张,就会自然形成气息自然吸张的平衡关系,假如横膈膜始终保持扩张绷紧的状态就会产生气息僵硬的现象,就不能自如地进行吸气和换气动作的转换。

这个练习要经常训练,要能做得很快,并且把这个练习带到日常生活中,走路时也练,这样更有助于气息的弹动。

气息的弹性练习还可以采用发"哈"音进行练习,练习的方法:

在蛤蟆气练习的基础上,把无声的气息练习转换为发哈音练习,要一口气发出7、8个比较扎实的饱满的哈音,可以模仿人大笑时的状态。练习的步骤要循序渐进,不要贪求速度,要注重发声的质量。经过一段时间的练习后发声能力才会有所提高。

在声乐的声音训练中,一些声乐教师经常会采用一些短促的跳音练习,来训练呼吸和声音的弹性,发声的原理同蛤蟆气的练习,区别在于后者是有旋律的,更能全方位的训练一个歌唱者在各个声区灵活运用气息的能力。

对于呼吸的训练还可辅以快吸慢呼、快吸快呼和慢吸快呼的练习,这样可以更全面地训练我们的呼吸。

　　总之,有关呼吸的训练,我们要掌握的原则就是要做到自然呼吸,要从日常生活和丰富的自然界中得到启示,特别是人的一些自然的行为比如:婴儿啼哭、人大笑、咳嗽等等行为动作,都可以使我们受到发声的启发,还有一些动物的叫声比如:狗叫声、猫叫声、牛叫声都可使我们在发声上获得一些感悟。我们进行的一些呼吸方面的练习,都是为了使我们在发声时获得一种良好的动力支持,"气乃声之帅也"可见气息在发声中的重要作用。

第七节　嗓音乐器和普通乐器在发声上有何异同

　　人的发声器官和普通乐器相比,有相同之处,又有所区别。从乐器构造上来讲,相同之处在于都具有振动体和共鸣腔。人的发声器官振动体为声带,共鸣腔体有喉腔、口咽腔和鼻腔等等。发声时我们胸腹部的肌肉,特别是横膈肌等收缩,肺内的气体呼出,吹动声带使声带振动从而发出声音,然后通过各个共鸣腔的修饰和润化,最后发出嘹亮的声音。普通乐器也通常由振动体和共鸣腔两大主体部分组成,比如:弦乐器中小提琴有琴弦(振动体)、琴箱(共鸣腔)两大部分;打击乐器中大鼓有鼓皮(振动体)、鼓体(共鸣腔);管类乐器主要由各种形状的管状体(共鸣腔)和激声系统(空气柱为振源体)组成。

　　从发声机制上来讲,普通乐器与我们的嗓音乐器存在共同之处,声音的高低变化由振动体形态的变化和发声动力的大小来决定。比如我们嗓音乐器中声带的长短、厚薄,拉紧与放松和来自气息压力的大小都会造成声音高低与曲直的变化。越到高音我们的声带就越会拉紧、变短、变薄,来自肺部气息的压力就会越强,越到低音我们的声带就越会变得松弛、拉长、变厚。这种发声机制与普通乐器是一致的。比如鼓、锣等打击乐器,受到打击时振动体发生振动,产生声音。以鼓为例,鼓皮绷得越紧,振动得越快,音调就越高。击鼓的力量越大,鼓皮的振动幅度就越大,声音就越响亮;二胡、小提琴和钢琴等弦乐器通过弦的振动发声。长而粗的弦发声的音调低,短而细的弦发声的音调高。绷紧的弦发声的音调高,不紧的弦发声的音调低;长笛、箫等管乐器,包含一段空气柱,吹奏时空气柱振动发声。抬起不同的手指,就会改变空气柱的长度,从而改变音调。长的空气柱产生低音,短的空气柱产生高音。

　　发声器官与普通乐器相比,不同之处主要体现在三个方面:

一、嗓音乐器具有咬字吐字功能

人的发声器官中有咬字吐字构语器官。嗓子不仅像乐器一样音调可高可低，音量可大可小，而且声带产生的声音，经过唇、齿、舌、腭等咬字吐字器官的"调制"，变为带有戏词、歌词的音乐来，这是任何乐器都不具备的语言功能。人类之所以是高级动物，最重要的因素就是人类所独有的语言功能。语言不仅是人类社会最重要的交际工具，同时又是人类的思维工具，没有语言，人类无法思维，也无法把思维成果表达出来，语言可以起到表情达意的作用。普通乐器发出的声音是没有语言符号的，它不能像我们的嗓音一样准确地表情达意。

二、嗓音乐器的可塑性

人类的发声行为是受大脑支配的，它不同于动物和一般普通乐器。我们的嗓音乐器无比精妙，它不仅能发出不同音高、音量和音色的富有变化的声音，还可用嗓子更直接地表达人的思想感情，这是任何乐器不能比拟的。

嗓音是人的"第二张脸"，人的相貌可以通过减肥、化妆等方式得以改善和加以美化，我们的声音也是如此，它具有很大的可塑性，比如一些优秀的配音师可以通过调整自己呼吸的深浅、声带的长短厚薄和共鸣腔体的大小，从而发出丰富多样的声音。他们可以模仿大自然中各种动物的声音甚至风声、雨声和雷鸣的自然现象。可见我们的"肉质嗓音乐器"具有多大的可塑性。不同的发声方式会产生不同色彩的声音，一个人的嗓音可以变得悦耳动听，也可以变得令人恐怖，在日常生活和交际过程中，我们都试图发出圆润动听和富有吸引力的声音，这就需要改变原本不良的发声习惯。发声是一种习惯的养成与体现，首先要找到正确的发声方法并且养成习惯。

1. a（啊）元音的练习

在所有的元音中，a 元音最容易获得嗓音的基本音色，因此把它放在首位进行练习，它是绝大部分发音的根源，通过练习 a 元音，可以改善绝大多数咬字吐字和发音上的问题,女生也可以通过练习发声位置较为靠前的 i（衣）元音来解决声音位置过于靠后的问题。在进行练习时,通过反复比对的方式,一定要找到一个最为舒适的喉咙状态和取得最佳的声音效果。

2. 练习口腔控制

如果想达到字音清晰的语言效果,我们就要学会很好地练习口腔控制,令我们的语言器官能够积极主动工作,做到唇齿有力、舌头灵活,上腭要积极兴奋,这些可以通过练习口部操来增强口腔的控制力。

3. 练习胸腹式联合呼吸法

气息在发声运动过程中起着一个统帅的作用,因此才有"气为声之帅也"的说法,良好的发声一定是在横膈肌强有力的气息支持下发出的,我们要学会讲话讲在气流上,唱歌唱在气流上,声音裹着气儿,一道儿从嗓子眼儿送出来。当我们人在哈哈大笑或者是小声抽泣时,我们的腰腹处会不断地弹动,这实际上是我们的膈肌在不断收缩。发声时,我们要把气息吸到胸廓以下,两肋扩张打开,小腹微微紧张。此时我们的胸廓里充满了气。出声时,我们借用腰腹挤压推送的力量,慢慢控制着把气呼出来,我们可以采用下面的方法进行练习。

方法:后仰三十度,小腹紧张,感觉小腹处支撑住你的气息,发出"呀"的音。你要感觉到声音是从腰腹处出来,喉部的肌肉要放松,绝对不要用力。

我们要培养良好的发声习惯,并且长期坚持,要经常监听我们的声音,了解自己的发声状态和取得的声音效果,并由此做出调整。不要迷信自己此时听到的声音就是客观送出来的声音,因为我们的人耳具有很大的欺骗性,客观的声音是通过空气传播开来后。我们听到的声音,并非我们内耳直接听到的声音效果。我们可以通过一些录音设备进行读书或者说话,或者运用我们现在手机的语音功能,及时回放我们讲话的声音,当感到自己的声音不符合审美的要求时,就要及时调整发声状态,这样我们原有的发声习惯就会彻底得到改善,练习的速度要由慢到快地进行。一个新的发声习惯的建立,不是一朝一夕就能养成的,它要靠长期的训练和学习才能获得。因此一定要坚持不懈地进行学习,由一开始的不适应不习惯,到慢慢的自己适应、习惯,我们一定要勇敢地迈出改变声音的第一步,不要怕,只有改变,声音才会蜕变,让正确发声方法蹒跚起步,茁壮成长吧!再次,要找专业人士面授。发声属于口耳之学,是操作性和实践性很强的一门学问。我们从理论上很容易明白发声方法的对与错,但发声是一门实践性很强的学问,如果不进行实际的练习,那就是纸上谈兵了,充其量就是个"空头理论家"。找一个专家给予面对面的讲授和指点迷津,可以让我们避免走弯路,有利于更好地掌握正确的发声方法。

三、嗓音乐器的不可复制性

日常生活中一件普通乐器的弦断了,簧片断了,甚至整个乐器损坏了我们都可以换一个新的。但是如果我们人的"嗓音乐器"出了毛病,损坏了是不能够重新打造一个新的,因此我们要格外爱惜自己的嗓音,科学使用它,做到不滥用、不误用,不断提高发声技巧水平,使之永葆青春,特别是对于职业用声者来说,嗓子就是他们的生命,是用来工作和谋生的重要工具,嗓子一旦出了问题,就会直接影响到他们的职业生涯,因此嗓音的保护对他们来说是多么的重要。轻微的嗓音疾病可以通过保守治疗使嗓音恢复如初,如果得了较为严重的嗓音病如大型的声带息肉、声带血管瘤、声带癌等就不得不进行手术。虽然现代医学水平不断提高,但即使手术水平再高超,术后的嗓音也很难恢复如初,即使再成功的声带手术,嗓音的使用功能也会受到很大的影响。

嗓音乐器的不可复制性还表现在每个人都有自己独特的嗓音音色,世界上不存在完全相同的两副嗓子,如同世界上不会存在完全相同的两片树叶一样。配音师可以模仿各种各样的声音,但仅仅是模仿,恢复本真的声音就是一个自己独有的嗓音。在演艺界如果一个歌手长期把自己最"本真"的嗓音掩盖起来,一味地模仿某种音色演唱,从嗓音保护的角度来讲,这种举动实际上是非常危险的,不利于嗓音的健康,因此一定要根据自己的条件找到自己最好的嗓音,不要去模仿别人的音色。

第八节　影响嗓音质量与音色变化的主要因素有哪些

我们的声音有三个特性即响度、音调和音色。响度是指声音的强弱；音调是指声音的高低；音色可以理解为声音的特征。

声音的响度即声音的强弱，它带有很大的主观性，不同的人对声音强弱的感受是不同的。因为响度与个人的主观感觉有关，它取决于人耳鼓膜振动的幅度大小。振动的幅度越大，感受到的声音就越强，反之就越弱，因此对于同一个声音，有人感觉声音大，有人会感觉声音小一些；音调是指声音的高低变化，这种变化与声波的振动频率高低成正比，振动频率高则音调高，振动频率低则音调低。例如我们在弹奏钢琴时，中低声区的琴弦粗长，振动频率低，因此发出的音调低沉；高音区的琴弦短细，振动频率高，因此发出的音调高亢、明亮。特别要注意的是，响度和音调不是一个概念，要区别开来。音色是人们区别具有同样响度、同样音调的两个声音之间存在的不同特性，或者说是人耳对各种频率、各种强度的声波的综合反应。音色作为声音的一种属性，还取决于构成发音体物质材料的性质。因此不同的乐器在演奏相同的曲调时，所呈现出来的是截然不同的声音色彩，就是因为它们在构成和材质上有很大的区别。人的嗓音存在着较大的个体差异，由于每个人都是一个独立的个体，无论从外貌特征还是生理构造上都是不同的，人既有高矮胖瘦上的区别，也有声带长短、厚薄上的差异，因此发出的声音带有明显的个性特征，就会有不同的嗓音音色，例如有的人声音甜美、明亮，而有的人声音浑厚、低沉。我们的嗓音乐器从物质基础上来讲，是不可变的，但就从使用的调节来说，它又是可变，通过对呼吸、共鸣腔体等而变化不同的嗓音音色。

发声技术的高低和自然生理条件对一个人发声质量的高低起着实质性的影响，一个人的生理条件是不可变的因素，而发声技术的高低完全可以通过后天的训练而获得。驾驭发声器官的能力,主要包括调整呼吸(气息)、共鸣、咬字吐字几个方面。

一、生理条件因素

有关嗓音乐器的特殊性,我们已经在前面几个章节中做过相关的介绍,因为每一个人的嗓音器官长得都不尽相同,声带的长短、厚薄、大小都千差万别,因而,其发声的效果、音色、音质也各有特色。在声音训练中,根据歌唱者嗓音的自然条件和身体的一些外貌特征划分为不同的声部即:女高音、男高音、女中音、男中音、女低音、男低音等等。比如高音声部的人声带较为短小,偏薄,色泽珠白,共鸣腔体偏小,喉腔长得偏高;外形上脖子偏短,胸部呈立方体。中音声部的人声带较为狭长,偏厚,色泽偏粉,共鸣腔体较为宽大;外形上脖子偏长,胸部较为扁平。发声质量的高低,还受参与发声运动的主要器官和肌肉的协调性好坏的影响。比如有些人声带的弹性和闭合力天生就很好,还有些人发声肌肉无力和天生的声带闭合不全者,就会影响到发声的质量和音色。总之,由于生理条件的不同,发声者在具体发声时,就会产生不同的声音效果和不同的音色。

下面我们来讲一下大声带对声音质量和音色的影响。同我们的手和脚有大有小一样,我们的声带也存在"大"与"小"之分。从生理角度看,相对不同的声部,声带和腔体的大小是有区别的,简单来说就是声部越高,理想状态下声带和腔体相对就要小一些。声带大有两种:一种是绝对大,即与其他人相比,声带偏大、声部偏低;另一种是相对大,即在同一声部内,声带偏大。声带大对我们的发声有什么影响呢? 首先声带大的人,需要更多的呼吸支持,需要的"活动空间"——即腔体的使用更大一些,对声带运动的影响更大。也就是说,对于同一音高,大声带需要更多的气和力。大声带的人相比小声带的人,更需要注意说话音调的问题,否则容易由于声带负荷过大而引起嗓音问题;唱歌时大声带的人相比较小声带的人,高音会费力一些、不方便一些。但声带大也有自身的优势,比如大声带发出的音色更丰富、音量更大,话声听上去更"结实"、唱歌更富有感染力等等。

二、发声技术因素

发声技术因素对发声质量有着很大的影响,发声技术越高,发声的质量就越高,两者成正比关系。

在嗓音训练过程中,发声技术的高低直接影响到嗓音音色的变化,它是指一个人对呼吸器官、共鸣器官和咬字吐字器官等整体调控的能力。整个发声过程需要参与发声行为的各个器官高度协调,步调一致地完成整个过程,此过程是高度统一的,其中协调和平衡参与发声的各肌肉群是关键。一个人呼吸的状态、共鸣腔体的使用状况,咬字吐字方面是否积极灵活都会对发声质量的好坏产生重大的影响。一个人呼吸的状态和运用科学与否,会直接影响到声带闭合力的大小与声带振动状态;同时共鸣腔的使用比例会影响到各个声区声音的音色和声音质量的高低;另外我们的咬字吐字器官会影响到我们能否正确地表情达意,也是影响发音质量和音色的一个重要因素。另外,喉结的高低也会影响到发声的质量,引起音色的变化。比如我们在发低音时,喉结往往处于较低的位置,发出的声音就会显得低沉和宽厚;发高音时处于相对较高的位置,因此发出的声音就会明亮和高亢。下面我们分别从呼吸、共鸣和咬字吐字三个方面一一展开论述。

1.呼吸(气息)技术

呼吸是发声的原动力,是发声器官运动的先决条件。它的状态直接影响到嗓音的变化。它与参与发声的各个器官和肌肉群相互作用,一起共同完成整个发声过程。呼吸的状态包括气息的深浅、声门下压力的大小等方面。气息的深浅会影响喉头的位置,在浅呼吸的状态下,喉头的位置会偏高,发出的声音偏明亮;在较深的呼吸状态下,喉头的位置相对会较低,发出的声音会更加饱满和结实。声门下压力的大小会产生发声时起音的三种不同方式:当气息到达声门时声带先闭合,然后由气息猛烈冲击声带而发出的声音,此时声门下压力最大,故发出的声音有力、短促、弹性大,此种起音称为硬起音;当气息到达声门时,声带闭合和气流通过的时间正好吻合,此时声门下压力最为适中,故发出的声音柔和、丰满具有韧性，此种起音方式称为软起音；当气息先于声带闭合的时间时，这种发声方式称为舒气式起音，因为它气先于声，此时声门下压力相对较小，故发出的声音较为绵软。在运用嗓音时，我们要根据作品不同风格的需要，合理选择起音的方式，因硬起音和舒气式起音不是气息和发音时的即时状态，因此要避免长期使用，以免对嗓音产生不利的影响。在运用嗓音时，我们要多以软起音为主，因为此种起音声门下压力最为适中，对嗓音的磨损程度最小，最有利于嗓音的保护。

2. 共鸣技术

在所有影响发声质量和音色的技术因素当中，共鸣技术方法的影响是至关重要的。声音是否饱满圆润，都取决于共鸣效果的好坏。共鸣技术实质上是利用音响学的声音共振原理，在最大程度上发挥各个共鸣腔体最大的共鸣结构作用，使之产生丰满的声音效果。共鸣腔体的材质、构造、形状和大小的不同都会影响声音的音色效果，同时个体使用共鸣技术的优劣直接影响到音色的好坏，如果使用共鸣得当，就会取得令人满意的声音效果，反之就会让人感到差强人意。

从一般意义上来讲，共鸣可以分为头腔共鸣、口咽腔共鸣和胸腔共鸣三种。在发声过程中三种共鸣在不同的声区使用的比例是有区别的，中低声区是以话声为基础，以口咽部的共鸣和运用声带的中后端闭合发声，因此发出的声音饱满、结实；高音区以头腔共鸣为主和运用声带的前端闭合发声，因此发出的声音明亮、高亢、悠扬。根据不同声区进而调整运用不同的共鸣，是发声训练中掌握共鸣技术的核心和关键。共鸣调节技术主要靠调整声带的振动方式来完成，它与呼吸的深浅和各共鸣腔体的打开程度有密切的关系，具体来讲与喉头位置的高低、牙关的打开程度、胸廓的扩张状态以及鼻咽腔打开是否充分有直接的关系。总之，要想获得良好的共鸣效果，就要合理运用各个共鸣器官，根据不同的声区平衡各个共鸣腔的使用比例，发挥整体共鸣，才能满足人们对声音审美的需求。

3. 发声咬字吐字技术

嗓音发声是一门有声语言艺术，其中语言是传递声音的符号，在有声语言的传递过程中,咬字吐字动作主要依靠唇、齿、牙、舌、腭等构语部位来完成。这些部位的活动状态直接影响咬字吐字的质量,假设一个人存在咬字不清的问题,就会造成字音含混不清,进而影响到语音的正常传播,在发声质量上也会大打折扣。我国的戏曲中对演员咬字吐字有着严格的要求,有着"咬字千斤重,听着自动容"的提法,可见咬字吐字的重要性。

我们的汉语语言主要分为字头、字腹和字尾三部分,字头部分由辅音(又称为子音)构成,字腹由元音(又称为母音)组成,是字音延长的部分,字尾主要起着一个收音的作用。在歌唱语言当中有一个"说子音,唱母音"的提法,子音是字的头,它起着引领整个字音的作用,发音时要求字头要弹发有力,因此咬字部位一定要积极主动,不要过于松垮;母音指的是能唱响的元音部分,它起着真正影响嗓音音色的作用。在发声训练中咬字吐字技术是极为重要的一环,它直接关系到有声语言是否具有艺术感染力,是否会达到声入人心的艺术效果,因此在声音训练过程中,只注重声音的训练,忽视语言的重要性都是不可取的。我们要根据作品不同的演唱风格、语言特色来调整咬字吐字的状态,不要千篇一律地采用一种咬字吐字方式,因为不同的语言都有它自己的特点。比如我们汉语语言和欧洲的语言文字在咬字吐字和行腔上就有着很大的差异,我们汉语语言本身还带有一定的地域和民族特色,在咬字吐字和行腔上更是丰富多彩、风格迥异,因此我们要根据不同的语言来调整咬字吐字的技术和嗓音音色,以此符合作品风格的需要。

综上所述,发声质量和音色主要取决于两个因素:一个是天生的自然生理条件,是不可改变的固定因素;另一个是可调控的发声技术。可以通过后天的训练而习得。前一种条件是客观限定性的影响,后一种是主观能动性的影响。在发声过程中,我们只有具备良好的发声技术,发挥主观能动性,才能达到良好的声音效果。声音的改变不是一朝一夕的事情,需要学习者付出艰苦的努力,再加上自身先天良好的嗓音条件,才能发出优美动听的声音。

第三章

教师科学发声导论

03

第一节　科学发声的含义

一、为了满足传情达意的需要

科学发声的概念大多是在声乐界和播音主持界被提及,近几年来,随着我国经济技术和物质文化方面的飞速发展,它被广泛应用于各个领域,例如教育界、营销、保险行业等等,并随之涌现出一批研究科学发声的专业嗓音人员,比如声音教练、嗓音训练师、嗓音健康治疗师、声音矫治师等等。对于科学发声的诠释,因在不同的领域存在着对声音的需求和审美的不同,所以对于科学发声的声音标准会有高低之分。比如在歌唱领域,对科学发声的要求就非常高,要求用最省的力发出最有艺术感染力的声音;而在播音主持界,主要是要求话声准确规范、声音圆润饱满、朴实明朗等。对于教师职业来说,则要求在发声时间持久、嗓音不易疲劳的基础上嗓音洪亮易于向前传播。我们对发声质量的要求无论高低与否,根本目的都是为了实现与人交流、正确表情达意的目的。科学的发声能在充分挖掘嗓音潜能、展现嗓音独特音色的基础上,顺利完成传情达意的任务。

掌握科学发声的物质基础和基本前提是掌握良好的呼吸,一般推崇和采用的是胸腹联合呼吸,要求我们口鼻同时吸气,有时也可以单纯用鼻子吸气(像闻花香一样)将气息深入地吸到肺底,此时肋骨打开,胸廓扩张,双肩自然下沉,整个胸廓感觉像一个大提琴的音箱一样里面装满了空气。此时我们的膈肌处于下降的状态,它像一条带子一样左右横向拉开。当我们吸气时,牙关部位和喉间肌肉松开,喉头略微下降,鼻腔充分扩张,然后保持一种屏气的状态,腰腹部、背部的肌肉包括臀肌不要马上送下来,避免气息很快泄掉,以此完成整个吸气和蓄气的动作。我们知道,发声实质上是一个呼气的过程,为了更好地满足传情达意的目的,科学合理地运用呼吸是至关重要的,特别是对呼吸动作中呼气的控制力的把控,它是科学发声的技术核心,它直接关系到我们发声质量的高低和声音的品质。

在完成以上吸气和蓄气的一系列动作后,就是呼气动作的开始。呼气时的整个心理状态要求做到"呼中有吸",以此控制气息,节省气流量,避免气息很快吐完,而造成声音因缺乏气息支持的塌陷问题。良好的声音是在强有力的气息支持下发出的,因此对气流量的控制能力是掌握呼气动作的关键。呼气是吸气肌肉群和呼气肌肉群相互对抗的过程,因此要保持一定的声门下压力,为此我们要用小腹收缩的力量和腹壁站立的力量来控制呼气,要求做到持久、稳健、流畅。

持久:在发声时呼气的动作和发声动作是同时进行的,为了满足语言动作流畅性,需要呼出的气流均匀而连贯,为了准确的表情达意,有时需要一口气完成较长的句子,因此在气息控制上要求持久。

稳健:在声音和气息向外传递的过程中,为了使声音更加结实、饱满和具有韧性,需要有强有力的气息支持,才能符合发声质量上的要求。稳健的气流来自吸气肌肉群和呼气肌肉群对抗力量的大小,对抗的力量越大,声音就愈发强劲、平稳,反之声音就会显得松垮、懈怠。

流畅:流畅指的是气息运用自如、控制得当,气息线条流动性好。它来自吸气和呼气肌肉群的高度协调。如果两者动作失调,就会导致气息向外输送过程中的僵化、停滞,从而影响发声质量,进而影响表情达意。

二、歌唱时演唱高音的需要

有声语言根据表情达意方式的不同大体上可以分为话声和歌声两大类。话声体现的是嗓音的基本音色,所用的音域较窄,一般不会超过一个八度,所用的声区一般在中低声区,所用的呼吸一般是处在自然状态下的呼吸状态,不要求有很深的呼吸作为支持,在发声时所用的共鸣以口咽部和胸腔共鸣为主,只掺入少许头腔共鸣,声音效果亲切、自然、明亮、松弛,因此对发声技术没有很高的要求;歌声是以嗓音的基本音色为基础,需要产生更丰富的共鸣效果,所运用的音域较为宽广,对于音域宽广的歌唱演员来讲,可以达到两个半八度甚至是三个八度以上,会涉及低、中、高、超高的不同声区,如果没有科学的发声技术作为支撑,是很难顺利完成各个声区之间的过渡的,特别是歌唱演员在演唱高音时,在没有掌握科学的发声技术、不具备演唱高音的能力的前提下,挑战超出自己歌唱能力的大作品,是件非常危险的事情,往往会对嗓音造成很大的损耗,危害嗓音健康,日积月累会导致各类嗓音疾病的产生。因此,作为一个歌唱演员在选择作品时,一定要选择适合自己的作品,量力而行,在没有掌握演唱高音技术之前,踏踏实实地把中低声区的基础打好,再向两边扩展音域,循序渐进地获得发高音的能力。下面我们来谈一下演唱高音所需要的科学发声技术有哪些?

1. 歌唱心理技术

人类的歌唱行为是受大脑控制和支配的,而大脑皮质的功能活动是人的心理活动的生理基础。歌唱者在舞台上演唱时所有情绪上的变化无不受到歌唱心理的影响,如果歌唱时具有良好的心理状态,参与发声运动的各发声器官和肌肉群就能协调一致地完成发声过程。相反,如果歌唱者歌唱心理出现异常,比如心理负担过重、歌唱心理过度紧张时都会导致发声行为异常,特别是在演唱高音之前的心理准备,需要镇静自如、精神高度集中、情绪饱满振奋,才能获得高质量的高音。反之,如果在演唱高音之前,歌唱者有过重的心理负担和过度紧张的情绪,心理状态就会方寸大乱,失去应有的理智。那么怎样才能减轻歌唱时的心理负担,具备良好的心理状态呢? 除了平时要多增加舞台经验外,很重要的一点就是要稳打稳扎地练习歌唱技术。歌唱时的心理负担问题,大多体现在演唱高音区上对高音的发声技术掌握得不够熟练,担心发声质量不高,进而造成歌唱时的不自信和过度紧张的情绪,因此掌握演唱高音的科学发声方法是建立良好歌唱心理的关键,俗话讲得好"艺高人胆大"就是这个道理。

2. 掌握科学的演唱高音的发声技术

呼吸是发声的原动力,良好的呼吸是建立良好发声状态的物质基础和前提条件,"气为声之本,无气便无声""不会呼吸就不会歌唱"等对呼吸的描述,都在一定程度上强调了呼吸的重要性。歌唱者在演唱一首作品的过程中，整个呼吸状态的调整是否合理直接会影响到作品演唱成功与否，特别是演唱高音之前的呼吸状态是否良好，会直接影响高音的质量。在演唱高音时，歌唱者如果没有调整好呼吸的状态就发声，发出的声音就会因缺乏强有力的气息支持，导致喉肌紧张、喉头上提，发出的声音尖锐、不够饱满，甚至会导致破音或者是高音困难等问题。因此，演唱高音之前的呼吸准备至关重要，除了歌唱心理上要放松外，务必要等气息完全下沉后再起音，声音才会有弹性，就像是一个皮球落地后才能向上弹起来，切忌端着一口气歌唱。在各共鸣腔体充分打开的前提下，心理上要静静地等着高音的到来，不要慌乱，头脑要冷静，腹壁要坚挺，腰腹收缩有力，在强有力的气息支持下发声，才能发出高质量的高音。一般高音前的呼吸准备有快速的偷气和慢慢的蓄气两种方式。如果气口的准备要快，此时就需要快速的偷气，用吓一跳的感觉，倒吸一口气，迅速把气息控制到腰腹周围。如果气口的准备很充分，此时只需要从容吸气就可，把气息缓缓地深入地吸到腰腹周围。

培养良好的呼吸习惯即歌唱中的吐吸技术，可以为演唱高音之前的呼吸准备奠定坚实的基础。在绝大多数情况下，歌唱者演唱高音的失败主要归因于没有建立良好的呼吸习惯。有的歌唱者在演唱过程中只吸不吐或者是只吐不吸，也就是说只注重了吸气，而忽略了呼气的动作，对气息进行过度控制，控制过了头就会造成憋气，导致气息不能自如地送出体外，到演唱高音时会加剧气息僵化的程度，造成发声困难。培养良好的呼吸习惯可以重点练习呼吸的技术，可以进行以下几方面的练习：

唇颤音练习：唇颤音又称为打嘟噜练习，它是许多歌唱家采用的一种呼吸练习，它可以很好地体会发声时气息的流动状态。在做此练习时，心理上要保持一种主动吸着点唱的感觉，用气流轻轻吹动双唇，使双唇弹动发声。在吹动的过程中，要求气息要绵长，中间不能断开，一口气弹动十秒以上才算合格。

蛤蟆气练习：蛤蟆气又称为狗喘气，它可以很好地练习呼吸技术，建立良好的呼吸习惯。练习时它可以采用开口和闭口两种方式，两种方式也可以交互进行。练习时双脚打开,自然站定,胸廓舒展,并保持稳定的积极向上、向前的状态。自然张开嘴巴,口鼻同时吸气至七成,由腹部发力、收缩,将气呼出,同时小腹瞬间放松,再次吸气,如此循环反复。练习时速度要由慢到快地进行。此练习目的主要是养成良好的吐吸习惯,做到在歌唱时气息有进有出,达到气韵流动的目的,为演唱高音做好呼吸技术上的准备。

哑音练习:哑音练习又被人称为毒蛇气练习,练习时可以采用长短音交替的方式进行。长音练习可以练习气息的有效控制,短音练习除了可以练习快速的呼吸技术,还可以练习膈肌的弹性。练习时一般要求用鼻子柔和而深入地吸气,然后唇齿略微分开,气流通过时发出均匀的哑哑声,练习过程中要把注意力放在小腹处,小腹处有明显的挤压推送的力量,同时腹壁站定,胸廓稳定外展。尽量做到气息绵长、均匀,不能憋气,要让气流流畅自如地送出来。这个练习可以早晚进行,特别是入睡前躺在床上静静地练习,日积月累就会养成良好的呼吸习惯。

五元音练习:五个元音指的是 A、E、I、O、U。以上练习都是在无声状态下进行的气息练习。五个元音练习是有声练习,采用在同一个音上交替演唱的方式,每个元音中间都要有气口的准备,要求慢速练习,一个元音一口气,演唱完一个元音的同时迅速吸气演唱第二个元音,以此类推。整个动作要注意节奏顿挫有致,起音准确,收音干净。

以上四种练习呼吸的方式要每天练习,要养成练气的习惯,长期坚持才能养成良好的呼吸习惯,不但是为了演唱高音的需要,更是为了更好地演绎作品、满足表情达意的需要。我们练习的最终目的是为了锻炼科学发声的能力,使我们的声音更具艺术感染力。在整个发声运动中声与气紧密结合,互为依托,加上正确的咬字吐字,最终达到声、气、情的高度统一。要掌握汉语拼音的四声、归韵,讲好普通话。咬字吐字是要咬住字头,拉开字腹、归韵收声。做到以字带声,字正腔圆,声情并茂。发声时还要注意每个字的着力点要准确,元音要注意发声位置的统一。

　　歌声和话声的根本区别在于，歌声是一种站在旋律上更高级的讲话，它对声音有着更高的艺术上的追求，它是一门声音与语言高度结合的艺术。声音是根本，情感是灵魂，情感的抒发要靠语言工具来完成。如果我们只注重声音而忽略情感，那么人就会成为一台发声机器，恐怕再优美动听的嗓音也打动不了听众。反之，如果我们只强调情感的抒发，而忽略发声技术，也难于满足听众对声音上的审美。因此要将两者紧密结合起来，这也是科学发声的真正内涵。

　　在现实生活中，我们经常遇到话声和歌声不统一的情况。比如有的话声嗓音俊美，而歌声却呈现出嘶哑的病态；有的歌声美妙，讲话的声音却是不尽人意。首先，我们排除患嗓音疾病的可能性，那么很大程度上这与一个人发声是否科学有关。一个人在嗓音健康的前提下，无论是话声还是歌声，在科学发声的基础上都能挖掘出内在的嗓音潜能，展现出嗓音应有的独特魅力，不应出现话声与歌声不统一的现象。

　　对于科学发声这个问题，有时会带有很强的主观性，检验的唯一标准就是看发声质量的高低。比如有的人认为他的发声非常科学，演唱高音毫不费力，但这并不能说明他的发声方法毫无问题，这要看发出的声音具体的规格是否符合审美的需要。对于发高音这个问题，首先要讲的是，发出高音是人的一种与生俱来的能力，每个人的嗓音千差万别，比如有的人会厌生得很小，并且卷曲程度很大，这种会厌非常有利于演唱高音。而有的人的会厌形状呈扁平状，在发高音时不容易卷曲竖立，因此不容易上高音。因为我们的嗓音存在着个体生理构造上的差异，因此我们要尊重客观的生理条件，不要盲目追求高音。获得高音的能力是蕴含在人身体内的一种潜在能力，科学发声就是要挖掘这种内在的嗓音潜能，而不是创造一种能力。有的人天生就具有这种科学发声的嗓音技能，比如有的人天生就有一副好嗓子，从小也没有进行有关的声音训练，发出的声音依旧优美动听，令听者动容，我们老一辈的歌唱家大多如此，因为他们充分发挥了嗓音的自然条件和歌唱本能。我们的歌唱发声技术比如；呼吸、共鸣等一切都是以自然条件为基础的，因此嗓音条件的优劣对于是否适合从事歌唱艺术至关重要。我们在进行科学发声训练时，一定要充分考虑嗓音生理条件，对发声技术不要迷信，它只是挖掘我们嗓音的内在潜能，不要置自然条件于不顾，一味地追求高音，也不要试图苦苦追寻演唱高音的秘诀和捷径。我们一定要充分考虑自身的嗓音条件，用科学的发声技术来指导我们的发声行为。

掌握科学的发声，一定要知道哪些肌肉该用劲儿，哪些肌肉不该用劲儿，要解放所有不该用的力量，比如要解放我们的喉咙和下巴，做到忘掉喉咙和下巴，绝对不能用力，而我们的呼吸器官要积极工作，同时构语器官也要积极主动地参与进来，绝对不能松垮。在发声运动过程中要学会正确发力。因为任何一种运动，都需要学会正确发力，才能达到我们所要的运动效果。比如说打羽毛球，我们要协调好身体的各个部位，学会正确发力，才能把球打到远处。推铅球、游泳等等体育活动无不如此。科学发声需要掌握的是一种力量的对抗和平衡。具体说来，就是呼气肌肉群和吸气肌肉群之间的对抗。我们在发声时会明显感觉到来自腰腹部收缩的力量，这个力量要靠平日刻苦的气息练习来获得，因为气息的训练可以增强我们发声肌肉群的力量，以此提高我们的发声能力。这如同一个拳击运动员，只有经过每天的肌肉训练，他的拳头才会有力量，落在对手的身上才会痛，才能击败对手。科学发声中发声肌肉的对抗力量我们可以通过一些练习来体会：

我们双手举起一个重物，比如大的哑铃，此时我们会明显地感受到来自腰腹部的紧张感，这就是一种对抗的力量在起作用。另外我们还可以体会一下拔河时腰腹部的感觉，或体会搬重物时来自腰腹部的支持力量。在发声训练中这种对抗的力量，可以让我们获得强有力的气息支持，是发出高质量声音的重要保障。"既要用上气儿，又要能拿住劲儿"，该用的劲儿务必要用上，不该用的劲儿绝对不能用。

还需要交代的一个问题就是，科学发声中用声者的身体姿态问题。因为用声者身体姿态在很大程度上影响发声的质量。发声是人的身体各个部位共同参与的结果，我们的嗓音乐器摆放是否合理，表情是否自然舒展都将对嗓音产生很大的影响。特别是对于从事表演艺术的演员来讲，他们所发出的声音不光要满足观众在听觉上的需要,还要在视觉上符合观众的审美,是既要好听,又要好看。因此在演唱时,一定要把我们的身体乐器摆正,做到身体挺拔、积极向上地舒展开,不要弯腰塌背或者是过度向后、向前倾斜;目光专注,精神饱满;面部表情舒展放松,不要僵化。试想,一个难看的身体姿态和一副狰狞的面孔是不可能发出高质量的好听的声音的。

笔者在欧洲学习时,经常观摩一些歌唱家的音乐会,曾经见过一个女高音每当唱到高音时,就会拉长自己的脖子,就像一只大白鹅被人掐起脖子凭空拎起,让人看得极其不舒服。我们先不讲她的歌唱姿态是否美观,仅从科学发声原理的角度来讲,伸长脖子演唱高音也是不科学的发声行为。

我们知道力有两个方向,一个是作用力,另一个是反作用力。当拳击运动员向前挥拳时,必定是先有向后撤拳的动作,再有向前挥拳的动作。同样的道理,假如我们要从高处拿一个物体,必定也是先有身体向下的动作,然后有向上的动作。因此我们在发高音时,如果头部高高向上仰起,从力学的角度来讲,本身就是不科学的。因为在发高音时,我们要保持足够的声门下压力,才能发出高质量的高音。在发声时,气息向上输送,被声带挡住后就会产生一种对抗的力量,一个是喉头向下的力量,一个是气息向上的力量。演唱高音时一股更加强劲的气流会冲击声带,此时更加需要喉头向下保持声门下一定的压力,以此保持力的平衡。如果演唱时,歌唱者把头部高高仰起,势必会造成歌唱发声器官喉头的上提,容易打破这种力的平衡,声音就不是在力的平衡状态下发出来的,就不能获得良好的声音效果。声音是既不好听,歌唱姿态也不好看。因此要想获得科学的发声法,一定要懂得发声过程中所蕴含的力学原理。由此可见,科学发声涵盖了生理学、心理学、物理学等学科知识,内涵丰富,需要我们进行综合研究。

第二节　科学发声的检验标准

以嗓音为艺术的科学大致可以分为两种：一是说的艺术，二是唱的艺术。两者都属于有声语言。它们在声音运用和情感表达方面有许多的共同点。著名歌唱家蒋大为老师在讲述歌唱方法时曾说过歌唱就是站在旋律上讲话，充分肯定了"说"在歌唱中的重要作用。一个人的讲话水平在一定程度上会决定他（她）的演唱水平。本书中我们主要讲的是有声语言：说的艺术。它适用于播音、教师、朗读及其他职业嗓音工作者的一种科学练声法和嗓音保健法。

科学练声就是在符合自然发声基本规律的前提下，运用系统的学习方法和训练手段挖掘嗓音内在的发声潜能，以增强发声的技能，获得个体最佳的声音效果。科学练声是理论和实践高度统一的过程。科学练声的检验标准可以概括为以下几点：

（1）获得稳定的发声状态。这种稳定的发声状态主要是指给人一种松弛、自然并且具有良好共鸣效果的声音形象，发声者本人主观感觉是轻松、省力、不费嗓，声音具有持久力。

（2）建立良好的坚实的发声基础。在掌握相关发声理论的前提下，具备对自己发声器官的主动调节和支配能力，并且具备较强的精神控制能力。

（3）声音具有较强的表现力和艺术感染力，能准确地表情达意。

（4）纠正掉旧有的不良发声习惯。

第三节　科学发声训练的原则

一个人发声技术的高低与其先天嗓音条件优劣有很大的关系。因为每个人的音质、音色、音域等都存在着很大的个体差异。科学发声训练是一项最大程度开发人嗓音潜能，提升人的发音能力的过程。在发声训练过程中，我们要在遵循一定原则的基础上，尽可能采用最直观的方法进行练习。

嗓音艺术既是听觉的艺术，又是视觉的艺术。在进行发声训练时，对镜练习可以直观地观察到自己的表情是否舒展而又放松。它可以避免歌唱者对声音和自己面部表情的主观臆断。好的声音一定是以舒展的表情为依托。如果一个人在演唱时五官错位、表情扭曲，发出的声音大家是不难想象到的，必定不会符合大众审美的需求。对着镜子练习，可以很好地帮助歌唱者注意自己的五官表情，调整出最好的发声状态和最美的表情动作，以此达到声音和表情的高度统一，最终达到最佳的视听艺术效果。

科学的发声训练要在遵循字正为本的原则上完成音高的变化和时值的转换。韵母的发声技巧对于用美声唱法、民族唱法或通俗唱法唱好民族语言的歌曲都至关重要。有的歌者因带有地方口音，没达到规范的咬字规则，造成字不正、音不响。

不同的练习法能让你获得控制自己呼吸节奏的能力，达到灵活运用气息，驾驭声音的目的，但最重要的还是结合歌者需要解决的问题，制定灵活的练习曲，所以选择合适的发声练习曲目很重要。

（1）练声是在一定的发声理论基础上进行。在具备相关发声理论的前提下进行发声训练，才会做到有的放矢，学习过程中才能避免走弯路。

（2）要结合自己的嗓音条件进行学习。不要依据个人喜好去一味模仿他人的声音。

（3）结合有声语言和普通话的语音语调特点、规律。要强调"以字带声"，不能"因声废字"。要做到字正腔圆、声情并茂；发音清晰，准确达意。

（4）训练的幅度要大于使用的幅度。任何一种习惯的建立都需要花费大量的时间来练习。发声训练主要是协调参与发声的各部位之间的平衡关系，这种协调性不是一朝一夕就能轻易获得的，它是在进行大量反复实践练习过程中才能够获得的。

（5）训练过程中要做到"少吃多餐"合理分配练习的时间，量力而行，循序渐进。

（6）训练过程要做到状态积极、精神饱满，讲求练习的质量和效率。把基本功训练和实际运用有机结合起来。

（7）练声时间要因人而异，符合个人作息习惯，不间断，最好把练声时间固定下来。不一定非要在早晨。如果晨起练声最好先做嗓子的预热准备动作，通过轻缓的运动先把身体活动开，大脑由抑制转入兴奋状态，再做喉部按摩和肩颈的放松练习，让参与发声的肌肉充分放松以后，再做发声训练，可以有效避免在发声过程中嗓音受到损害。时间的长短视嗓音的承受能力和练声效果而定。一般初学者练习时间宜短不宜长，控制在 15 ～ 20 分钟较为合适。次数一天 3 ～ 4 次为宜。以后随着嗓子承受能力的提高再逐渐加长时间、减少次数。练声时间不必强求划一，没必要强行规定每次 30 分钟或者一个小时。它与个人嗓子的感觉有关。感觉好的时候可以适当延长，感觉不好效果不明显的时候可以另找时间练习。这样有助于稳定练声时的心态，有助于提高练声效果。练声地点应选择在噪音比较小、混响短、没有明显回音的地方，如：播音室、琴房、田野、河边、树林等等。因为发声的环境影响听觉反馈。尽量不要频繁更换练声地点。天气不好气温较低时应选择室内练声。

第四章

教师职业嗓音科学发声内容

04

教师职业嗓音发声训练的内容,主要包括常规练习和特殊练习两个方面。常规练习是指每天都要练习的、针对发声各方面控制能力而编排的各种练习。例如气息练习、声音流畅性练习、声音灵活性练习、扩展音域练习等等。特殊性练习是指针对自己具体发声过程中存在的各种问题所进行的练习。比如解决喉音、鼻音、声区不统一等等。发声训练的具体练习步骤,就是要逐步解决气息、声音、共鸣腔体、咬字吐字、声音的色彩、表情达意等内容,遵循先分解、再综合的练习步骤。下面我们分节逐一介绍。

第一节　学习气泡音,觅得音之源

一、用气泡音,找到声音的源头

我们在前面几章介绍了有关歌唱发声的基础知识,并零零散散的穿插了一部分发声技能的训练内容。笔者学习歌唱和艺术嗓音多年,在头脑中积累了大量的"声乐理论",但是从尊重科学的角度上来讲,有很多的声乐理论往往是误导学习者。从歌唱艺术实践上来讲,在不了解歌唱发声最朴素的道理前,理论往往会把学习者引入歧途。有大量的歌唱者为了追求宏大的音量从而违背科学撑大喉咙歌唱,还有的为追求明亮的音色而一味缩小喉口。这两种做法都把我们的嗓音乐器置于危险的境地,使它不能充分振动起来,从而发出令人愉悦的声音。我们要相信任何一门学科的学习都要尊重科学的规律,下面让大家了解一下气泡音,就是关于发声前后我们的"声门"究竟处于怎样的状态。发声时,我们的声门是处于关闭的状态,声带像拉链一样是拉上的。反之,当不发声时,声门是打开的,声带也处于向两端拉开的状态。

学习气泡音时,你会明显感到有声门闭合的感觉,从而可以防止不科学发声造成的声音问题。说话和歌唱是依靠声带的振动而产生基音。"气泡音"是声带全振、气息的流量最小、压力最自然的状态下发出的。见图4-1。所发出的声音是最低声区,是产生声音的源头。气

图4-1　发气泡音的状态

泡音是在我们喉头最松弛的情况下发出的,练习时我们可以体会到声带闭合的力量和声门下的压力感。此时我们的声音好像是轻轻地靠在了声带上。选择练习气泡音的时间最好在清晨起床后,因为此时我们的喉咙经过一晚上的休息后,处于最为放松的状态,此时最容易发出一连串的气泡音。练习气泡音有很多的好处,一方面对我们的嗓音有很好的按摩保健作用,同时还可以解决一部分发声上的问题,比如:声门闭合不良、鼻音等。气泡音是我们发声时的低音,此时我们的喉是处于最舒服、最松弛的状态,当有气泡发出时,我们的声带处于振动的状态,凡在这个基础上发出的嗓音一定是松动和令人舒服的。如果喉咙发不出气泡来,那么你的声门要么是撑大了,要么是用外力卡死了,此时你所发出的声音要么是漏气的,要么是挤、卡的"扁音"。

二、气泡音的练习方法

气泡音是我们嗓音的源头,是我们学习科学发声之前应该最先了解的,有很多人在学习发声技术时,忽略了声音的源头,一味地去寻找共鸣、高位置等等,最终声音就成了无源之水,无本之木。严重的还会导致一些嗓音疾病的产生,损坏嗓音健康。当我们把练习气泡音的感觉用于声音的训练中,就会发现很多的不良发声习惯得到最终的改善,练习气泡音的方法可以采用以下几种方式来进行:

喉肌放松法：因为气泡音必须是在我们喉咙最为放松的情况下才能发出来，因此需要对喉咙做必要的按摩，以此消除喉肌的紧张，使声带能够得到自由的展长。我们并起双手的中间三个手指头，沿着下颌肌轻轻由上向下按摩喉部两侧的肌肉，按摩完几组后，用我们的拇指和食指找到舌骨和甲状软骨之间的缝隙，然后轻轻地左右晃动喉头，此时我们会听到咯楞咯楞的软骨环晃动的声音，左右晃动时可以按照一定的节拍进行。当我们的喉肌完全松开后，此时发气泡音就很容易了。

漱口法：练习时口含半口水，然后慢慢的仰头，面部表情放松，像打哈欠一样松开口腔，由肺部向上的气流冲击声带，引起声带的振动，使喉咙发出咕噜咕噜的水泡声，此时我们一定要把注意力放在喉头的部位，充分体会声带闭合的力量和微微的声门下压力感。然后把水吐掉，保持刚才的喉咙的感觉，就会很容易把气泡音发出来了。

呻吟法：练习时可以躺在床上体会。可以模拟人生病时有气无力的身体状态，面部极其放松，然后喉部发音时呈低声呻吟状，喉部就会发出一串一串的小气泡。气泡可以由小到大，由舒到密地发出。

哼鸣法：首先我们双唇微闭，鼻腔松开，深吸一口气后，由鼻腔通道轻轻送气的同时哼出声音，然后在保持气息不断的情况下，使声音慢慢转换为喉部的一连串气泡的声音。

三、气泡音的作用

在发声训练中，气泡音有极其重要的作用，它的重要性越来越被大家认识并且合理地运用到发声训练中，它是声乐学习的重要基础性练习之一。话声和歌声的发出都是以声带的充分振动为前提的。气泡音是嗓音发声的源头，是声带振动的最初形态，是给基音的地方。我们的嗓音最终形成的是基音和泛音共同组合而成的复合音，没有良好的基音就不可能产生良好的泛音，由此可见它的重要性。气泡音所发出的声音处于我们的最低声区，我们可以借助气泡音充分感受到声音挂靠在声带上的感觉,同时体会到声带振动感觉及声门下压力,还可以体会到发声过程中连续不断的声音状态。由于发出气泡音只需要微弱和极为稳定的气流,因此非常有利于气息的控制练习。通过气泡音可以纠正很多发声上的问题,其中最典型的就是由于声门闭合不良而导致的漏气,声音发虚、发空问题;通过练习气泡音非常有利于高、中、低不同声区之间的转换和顺利过渡;同时气泡音对于嗓音的保健也有神奇的作用,它可以缓解声带疲劳和喉肌紧张,是嗓音康复训练的重要手段。

如果我们对气泡音的作用做一个总结,它的第一个作用就是帮助我们找到声音的源头,即我们发声的最初位置;第二个作用是帮助我们找到声带闭合点及声门和气流的阻力感;第三个作用是锻炼我们声带的真声技能,特别是对于女高声部,中低声区容易躲嗓子,由于掺入过多的假声,使声音不够扎实和饱满,借助气泡音可以很好地解决由于躲嗓子而造成的声音发虚问题,但是需要注意的是,发声点不要过大,否则容易造成声区之间的脱节;气泡音的第四个作用是帮助我们开发低声区。因为气泡音是在我们的最低声区发出的,练习气泡音可以帮助我们的音域更好地向低音区扩展。

四、发不出"气泡音"怎么办?

在发声训练时,有的学员会一时发不出气泡音,那么除了上面我们介绍的练习气泡音的几种方法外,还可以试着张开口先发一个大大的"啊"字,然后慢慢降低音量,发声位置下移到喉部,逐渐找到发音的部位。也可以做几次伸舌的动作,努力伸舌头张大口,这个动作可以起到调节喉肌紧张度的作用,在这种情况下再发就容易多了。

还有一种情况就是长期挤压喉咙或者提着喉头发声,会导致舌骨和甲状软骨叠加在一起,喉肌过度紧张,在发气泡音时也是一时难于发出的。这时大家可以找到我们的舌骨和甲状软骨的位置,在两者交接处用大拇指和食指做喉部按摩,食指用来固定喉位,真正发挥作用的是利用大拇指的指腹前段轻轻地把舌甲间隙、慢慢的一点点的错开，以此松开喉部。当喉咙松开了，气泡音慢慢也就能发出来了。当然，还有一种情况是发不出气泡音的，那就是当我们的声带发生病变时，发气泡音是非常困难的，这时检查我们的嗓音就十分有必要了。

第二节　呼吸要顺畅，气道才畅通

用"吓一跳"或"吃惊"的感觉快速找到气道打开

一、"呼吸要顺畅，气道才通畅"源自日常的行为体验

呼吸顺畅，气道畅通。它包括吸气、气息的控制和气息的流动三个环节。我们在呼吸时务必要做到自然的呼吸，过分抬高胸部的做法会使你的气息提高到胸部，造成呼吸不畅。自然呼吸的含义就是要做到气息自然下沉到我们的腰腹部，自古就有"气沉丹田"之说。呼吸顺畅是声音顺畅的前提和基础。在声乐界还流传着"气息吸到哪，声音就在哪"的提法，它实质上是强调气息自然下沉的朴素道理。

我们这里讲的是用"吓一跳"或"吃惊"的感觉快速找到气道打开的感觉。道理是显而易见的：当人在受到惊吓或有惊讶的情绪时，我们整个身体都处于瞬间扩展的状态，气息非常容易控制在我们的腰腹之间，所有的共鸣腔：如胸腔、口咽腔、鼻腔等都在瞬间扩张开来，这些状态恰好都是我们歌唱时需要的。大家不妨试一下，此时你的颧骨也无形中被拎起，大家可以用这个体会练习气息的快速吸入和有效的控制。一切的歌唱行为都不是刻意创造出来的，它都源自于生活，与我们的日常行为息息相关，当你有时还在为一些所谓的歌唱技术而发愁时，你不妨与自己的日常行为相结合，难题往往会迎刃而解。

二、气道要通畅，声音才流畅

声音训练的关键步骤是要自然地松开我们的喉咙。道理很简单，我们的喉咙就像一个交通运输转运站，是"交通枢纽"。我们歌唱时必须要打开"喉"这个

门户。松开喉咙的关键在于掌握"自然"二字,在我们呼吸时伴随着气息的吸入,我们的喉咙会自然松开,切忌过分撑大你的喉咙。

"气乃声之帅也",在声乐界一直流传着许多关于气息与声音关系的描述。前面我们已经讲过声音是由于气息振动声带而产生的。气息是声音的载体,犹如水和船的关系,气息流动声音才会流畅。俗话讲"气大而伤身""人不是病死的而是气死的",从一定程度上都道出了"气"的真谛。试想一个人总是生气,从中医上讲就是他的经络容易淤堵,不顺畅了就容易生病。为什么会产生咽喉炎、声带小结、息肉等嗓音疾病呢? 主要也是不会正确用气造成的。

从科学发声、艺术嗓音保健的角度考虑,结合大量临床实践证明,嗓音的滥用和误用以及不正确的发声方式,是嗓音病产生的主要诱因。如果长期不合理用嗓,比如挤捏式发声、发声时喉肌紧张、喉头上提等就会造成舌骨和甲状软骨挤卡在一起,室带的覆盖或超越会影响声带的正常闭合,造成声带的摩擦,长时间就会导致咽喉部的充血、水肿和声带的病变,例如声带小结、息肉或者声带炎等嗓音疾病,从而影响发声质量。当嗓音产生病变时,轻症可以采用保守治疗,较为严重的则需要手术治疗。无论轻症或较为严重的嗓音疾病,如果治愈后旧有的发声习惯未曾改变,复发的可能性非常大,就是治标不治本。因此要想维护嗓音健康,科学用嗓是关键。纠正不合理的用嗓习惯和发声方法,建立起科学的发声机制,树立科学发声理念,打开发声的气息通道,用气息引领声音,从平日的说到歌唱时的唱,让声音都行走在气息上,既要说在气上更要唱到气上,声音和气息紧密结合,"兵马未动,粮草先行",在发声时一定要先有气息的准备,气息通道要畅通无阻,声音才能运用自如。

在发声过程中,气息通道的畅通与否,与演唱者的歌唱姿势有着极大的关系,歌唱姿势正确与否,都会在一定程度上影响我们气息通道的打开。因为在发声时我们首先要摆好我们的身体乐器,如果摆不正就会影响发声器官正常功能的发挥,如同把钢琴倒立起来进行弹奏、把小提琴置于地上而不是放在肩上演奏一样,是很难发出理想的声音的。因此,一件乐器一定有它最合理的摆放位置,而不是任意放置。对于嗓音乐器来讲,歌唱者的歌唱姿势就直接关系到发声是否合理的问题。

正确的唱歌姿势不仅是歌唱者良好心态的表现,还关系到气息通道的打开和气息的运用。我们应保持正确的发声姿势,做到两眼平视有神,下颌内收,颈直不紧张,脊柱挺直,小腹微收,腰部稳定,避免松垮的发声姿势影响到嗓音的变化。正确的歌唱姿势一定要注意做到以下几点:

(1)身体自然站立,舒展放松,积极挺拔,精神饱满,做到"松而不懈,紧而不僵"。

(2)头部端正,眼睛平视,眼光不宜过高或过低。胸廓舒张,双肩外展。小腹微收,两臂自然下垂,不可耸肩或过分抬高胸部。

(3)两脚左右分开,也可一前一后,分开方式视个人习惯而定。左右分开时,大体与两肩的距离同宽,身体的重心放在两脚中间。前后分开时,重心一般放在前脚上,以利于身体的平衡。

(4)面部表情要符合大众的审美。舒展、放松、面带微笑,眉眼张开,不要眯眼垂眉,整个面部表情要亲切、生动、自然、有情。

(5)双唇微闭,不可紧咬嘴唇,牙关部位轻轻微开,不可过度咬紧。

(6)下颌微收,不可前伸。感觉后脑勺、脖颈、后背和腰部都处在一条直线上,整个后背感觉插了个擀面杖似的。

(7)在具体演唱过程中,歌唱的姿态要端庄、大方,不可矫揉造作,根据作品内在情感的需求,合理设计肢体动作,注意动作要舒展、简洁,不可僵化,在视觉上给人一种美的享受。在坐着演唱时特别要注意需和站立时的要求一致,背部、腰部要挺直,不可塌陷。一般坐在椅子的前三分之一处,不宜整个坐满,两脚打开,脚跟落地,不能跷二郎腿,也不宜两脚交叉而坐。总之,所有的歌唱姿势要求都是为了歌唱时发声的需要,为打开气息通道、发出高质量的声音做准备。

除了歌唱姿势上的要求外,平时我们还可以做一些相关的呼吸练习,以利于气息通道的打开。练习呼吸的方式可以采用慢吸慢呼、慢吸快呼、快吸慢呼和快吸快呼的方式。无论是哪种方式,一定要保持或坐或站时的良好姿势,把所有的气息通道打开,吸气时口鼻张开,不要发出声响,吸气时尽量做到深入,不可过满;表情舒展开来,不可愁眉苦脸、五官拧在一起;两眼有神,不可呆滞,眼睛尽量向远处看过去。发声是一个呼气的过程,更要注意歌唱姿态的保持和整个气道的打开,不可因为身体局部僵硬造成气道堵塞,从而影响整个发声质量。

三、练习"吓一跳"或"吃惊"的感觉,以求瞬间体会到气道打开的状态

大家可以多体会和模拟生活当中一些"吃惊"或吓一跳的场面:比如想象在路上突然踩到一条蛇或鞋子上突然有一只老鼠,估计你会怎样?料想那时你面部所有的表情包都会打开,气息瞬间充盈到所有的共鸣腔体,伴随着"啊～"的一声长鸣,音高估计也会到达你的极限音。等你平静之后,再发"啊～"估计就发不出原先的高度了,原因在于发高音是人与生俱来的能力,当人突然受到惊吓时,会不自觉地倒吸一口气,下意识地瞬间打开发声的通道,腰腹部下意识的会加大收缩的力量,会发出平时令人意想不到的高音。刚出生的婴儿的嘹亮的啼哭声,也是人的一种下意识发声行为。我们知道刚出生的婴儿是不懂得任何发声技巧的,但是他们却能发出十分嘹亮和高亢的啼哭声,并且长时间的啼哭也很少有哭哑嗓子的情况。由此可见,人的发声过程属于人的本能,是一种潜意识里就存在的能力。我们可以多借鉴生活当中的一些自然发声动作从中得到启发,然后把它合理应用到科学的发声练习中来。

在日常生活中经常体会"吓一跳"或者"吃惊"的感觉,慢慢的你就会养成快速吸气的一种下意识的习惯,这个技巧对于歌唱或者演讲者需要快速的演唱或快速的语气讲话时,都是非常重要的。它能让你无论需要多快的速度演唱或讲话都能始终保持一种气道畅通的状态,并且利于丹田发力,发出更加饱满和流畅的声音。

第三节　丹田来发力，嗓音才洪亮

用吹管子练习体会"丹田发力"的感觉，掌握用气说话的技巧

一、丹田发力

"丹田发力"指的就是调动我们的动力系统来参与发声的过程。歌唱的训练在很大程度上是我们大脑的训练，人的神经系统要积极地参与进来，因此以前的声乐理论家往往把歌唱对气息的训练与我们中国的气功联系起来，随之产生出"意守丹田""气从肚脐自氤氲间出"等诸如此类的提法，这是不无道理的。有一个很浅显却又很有道理的一句话就是"根深才能叶茂"，气息的深度会决定声音的高度。

丹田被称为"气海"，是人体经脉中最重要的穴位之一。发声时找到丹田发力的感觉，可以先练习一下呼吸的控制，呼吸的有效控制需掌握的要领就是心理上要做到"吸中有呼，呼中有吸"。吸气肌肉群和呼气肌肉群形成一股对抗的力量，在作用力和反作用力的相互制约中形成力的平衡后发音。具体说来就是利用腰腹部的力量，把气息挤压推送出来从而发声。发声的力量集中在腰腹部，我们中医的理论是讲丹田部位，而在欧洲声乐理论中指的是横膈肌。在发声过程中一定要运用丹田气发声，绝不能脱离气息的支持而发出喊叫的声音，从而有损嗓音健康。在丹田气支持下发出的声音会比较饱满和扎实、洪亮而又圆润。丹田就好像是引擎，它把气力送达声带后，声带闭合产生声音，经由各共鸣腔，最后通过口腔的前端把声音扬出来。大家可以用一个简单的吹管子练习来获得丹田发力的感觉。

二、吹管子练习

不良的发声习惯一般会出现这样几种情况：一是未吸气就发声；二是紧逼喉咙和颈部的肌肉粗暴发声；三是采用过高或过低的声调。吹管子练习又可以称为吸管练习，它可以起到拉松声带，减少声带压力的目的，同时可以很好地体会发声时我们腰腹部绷紧的状态。

准备一支长约 14 cm、直径 4 mm 的塑料吸管和一瓶水，把吸管放入水瓶吹气。有必要解释一下的是，我们吹气时，实际上是呼气的过程，随着呼气量的大小变化，瓶中产生的水泡的大小也随之发生变化，此时你的小腹处（丹田处，实为肚脐处）会下意识的收紧并回缩，这种状态实际上就是我们发声时丹田发力时腰腹的感觉。这个练习也可换做吹气球，道理是一样的。有实验表明：吹管子练习可以帮助我们找到腰腹部发力的感觉，同时可以增强声音的共振峰，使声音更具穿透力，从而提高我们发声的质量。吹管子练习还可以在很大程度上改善一部分人发声挤卡的问题，同时也有利于发声音色的改善。

我们平日讲话时，就要尽可能调动这种感觉来发声，学会松开喉咙"用气讲话"，不光在歌唱技巧中学会正确运用气息，在平日讲话时，特别是职业用嗓人士，更要学习科学的发声方式，丹田发力"说话说在气流上"，在前面几个步骤的基础上练习丹田发力。打个比方，我们的身体可以看成乐器，发声是靠声带的振动，声带的振动要靠气流，气流的输送最终要靠动能来实现。声音大小、高低的变化均要通过气流产生的压力大小来决定。"声音好不好，要从气上找"指的就是这个道理。

第四节　气韵要流动,声音才流畅

用"打嘟儿"练习达到讲话时气韵流动、声音流畅的目的

一、"打嘟儿"练习

"打嘟儿"训练,也叫唇颤音练习,是声乐学习中很重要的一个技术训练,它很容易让人体会到发声时气息流动的状态,能让高位置更好,声音听起来更加通透。如果歌唱者在歌唱时存在着喉咙过分撑大而导致声音发空、发散的问题,可以从练习唇颤音中得到启发,可以很好地改善发声上的诸多问题。

第一,通过练习唇颤音,可以帮助我们建立良好的呼吸状态、正确运用和控制气息的能力,可以使我们歌唱时的气息更加连贯、流畅。

第二,通过练习唇颤音,可以解决发声时的嘴唇过度紧张或过于松弛无力的状况,有利于掌握正确的咬字吐字技术。

第三,唇颤音练习有利于低、中、高三个声区之间的顺利转换,有效解决发声时真假声转换不自然、破音等声、气不协调问题。

通过练习唇颤音,还可以解决声、气脱节的问题,可以防止声多气少或气多声少的声、气比例失调。同时,通过练习唇颤音还可以很好的扩展音域,用到讲话方式上,可以使人讲话时气韵更加流动,声音更加流畅。唇颤音练习也是许多歌唱家喜欢做的发声练习,特别是用于开场前的嗓音预热,它可以有效解决唱歌时的气短问题,也可以缓解说话和歌唱时喉肌紧张,气息僵硬等问题,因为它的气息状态非常接近歌唱时的用气状态。我们可以通过比对的方式来检验一下,例如:选取一段旋律,先用唇颤音的方式从头到尾演唱一遍,然后在保持唱唇颤音时的用气状态下,带上歌唱演唱旋律,此时我们可以发现我们的气息运用会更

加流畅和自如,同时我们声音的发声位置更加向上和向前,更有利于声音向远处传播。

练习唇颤音的方法:深吸一口气,用来自小腹处的气流轻轻弹动双唇,使双唇振动起来,如果由于唇肌过分紧张或者双颊过分松弛,导致双唇振动不起来,我们可以用双手手指轻轻托住脸颊,小腹处微微内收的同时往外吐气让双唇颤动起来,时间上尽量保持 10 秒以上。如果采用此方法嘴唇还是弹动不起来,或者是不能持久的话,就要考虑其他的因素,比如气息上的问题。在练习唇颤音时,我们的吸气一定要深入,不能过浅、过满,另外气息吸进来以后一定要蓄住气,不要漏气。腰腹部要收紧,肋间肌扩张开,胸廓不能塌陷,自始至终要保持一种向上、向前的感觉。在运用气息时,气息不要过爆或过弱,声门下保持一定的压力,这样才能找到适中的平衡点,使唇颤音保持的时间更持久。心理上要保持一种"吸中有呼、呼中有吸"的发声状态,才能很好地控制呼气的气流量,不至于漏气或憋气而导致气息不够用的状况。

练习唇颤音时,我们可以站立或坐在凳子上练习,坐在凳子上练习时采用弯腰的方式可以更好地体会腰腹发力的感觉,可以找到该用的劲儿和不该用的劲儿,比如腰腹发力,气行于背,胸部、肩部的放松等,同时可以更好地体会声灌头腔的感觉。这也是很多声乐教师常采用的一种训练声音的手段。

二、"打嘟儿"练习与哼鸣练习相结合,可以更好地实现气息和共鸣的有效融合

"打嘟儿"的发声原理是气息向外传送的过程中,气流吹动双唇,使双唇振动发出的,它可以分为无声的和有声的两种。在发声训练的过程中,我们采用有声练习。练习时,我们可以通过控制气流量的大小和强弱来引起声音大小和强弱的变化。这种变化是靠横膈肌的扩张幅度来加以控制的,因此练习唇颤音可以很好地锻炼横膈肌的力量。同时唇颤音练习更有利于向哼鸣练习的靠拢,实现两者之间的转换。不管是快速跑动的音阶练习,还是八度音程的高低音转换变

化,都可以实现从"打嘟儿"练习到哼鸣的靠拢。

具体练习方法:我们选用 do、re、mi、fa、sol 音阶练习,先上行再下行,半音半音的模进练习。上行起音采用唇颤音,到 sol 时转换为哼鸣音直到结束一组的练习。注意转换时哼鸣音可以适当延长几秒。做此练习时会遇到两种情况,一种是掌握哼鸣技术的情况,另一种是没有掌握哼鸣技术的情况。对于第一种情况,此练习可以帮助我们更好地练习两种技术的转换,做到发声练习形式的多样化,增强发声能力,提高发声质量。对于第二种情况,做此练习正好实现到哼鸣音的转换,帮助我们更好地找到练习哼鸣的方法。因为在练习音阶时,唇颤音所需要的气息状态既均匀又连贯,在不换气的状态下,正好能顺利实现从唇颤音到哼鸣音的转换。

我们也可以把哼鸣技术拿出来单独练习。刚开始练习时多采用下行音阶的三度练习,然后慢慢加大难度,扩展到五度或者是八度。速度由慢到快地进行,一开始不宜太快,待发声成熟后再加快速度练习。哼鸣音可以通过模拟冷笑或者是女孩子撒娇的方式来体会,它主要是练习声音的头腔高位置,它是获得高音的重要发声练习。等着掌握哼鸣技术后就可以练习同唇颤音的转换了。练习的方法同上,可以采用同样的五声音阶进行练习,区别就在于一开始起音采用哼鸣音,到高音 sol 时转换为唇颤音,唇颤音要自由延长几拍后再唱下行音阶。打嘟和哼鸣练习都是声音训练过程中常用的发声练习,都属于声乐技术训练中的常规性练习,在练习时将两者进行有效的结合,可以很好地解决发声上存在的问题,提高我们的发声的能力。

这一训练方法在练习初期会存在一定难度,但经过一段时间的训练是不难掌握的。它对于学习者气息与共鸣的有效融合具有较大的作用。

我们在进行具体发声练习时可以采用打嘟儿、哼鸣和开口音发声三者交叉的方式进行训练。形式上可以非常自由,例如打嘟儿和开口发 a(啊)元音相结合,打嘟儿和哼鸣相结合,打嘟儿、哼鸣和张口发开口音相结合。通过这些形式的练习,目的就是建立一种稳定的发声状态,让自己的声音更加流畅和昂扬。

第五节　声音发高位，嗓音更健美

模拟女孩子撒娇或一个人冷笑来体会声音的"高位置"

　　要想获得声音的高位置使你的嗓音更加俊美，除了要做到前面几个步骤外，有一个练习可以帮助你很容易地获得，那就是：哼鸣练习。这个练习我们可以通过模拟女孩子撒娇或一个人冷笑来体会声音的"高位置"。方法是：丹田发力，用气息冲开我们的鼻腔发出"嗯"或"哼"字，这时你会明显感觉到鼻翼周围乃至眉心处有微微的震动感，你要持续练习一段时间才会获得比较稳定的状态。模仿女孩子撒娇或冷笑的感觉实际上是一种空气冲击法，具体还可以这样练习：口自然闭上，牙齿微微松开，气往鼻子后面的前硬腭猛冲，同时用本嗓发出这个"哼"字。

　　做这个练习时，一定要使你的鼻腔上下里外都通着气儿，嗓子眼儿找气儿不找劲儿，腰腹发力把气息送达你的鼻腔。哼鸣练习的方式可有大小之分，可闭嘴、可开口进行练习，它可以帮助我们体会声音的高位置发声状态。受地域方言的影响，一般北方人较南方人在讲话时发声位置偏低一些，在日常生活当中，如果我们的发声位置偏低，声音往往会因上扬不够而变得低沉，有时会加大喉部的力量而变成喉音，如果我们发声位置较高，就会减轻我们喉部的压力，说话或歌唱时就会很好地解放我们的喉咙，达到减缓嗓音疲劳的目的，同时还能美化我们的声音。

　　以上练习可以使你更快地体会到声音的高位置状态，当然我们也可以采用前面提到的打嘟儿和哼鸣的方法来体会。

第六节　哼说巧结合,声音才协调

一、闭着嘴巴先哼着说

记住闭着嘴巴哼着说务必要在气泡音和丹田发力的基础上来做。有关气泡音方法的练习,我们在前面章节里做过相关介绍,在此不再加以赘述。哼说练习在练习的初期是有一定难度的,由于在短期内很难做到两者协调一致,练习者往往会在哼的同时,嘴巴咬字念字的动作就会忘记;或者反之,放开嘴巴咬字念字的同时却很难顾及到哼鸣的动作。因此,为了减少练习的难度,我们把整个练习分解成两个步骤来进行,第一个步骤就是先把嘴巴闭起来哼着朗读一个乐段或者是一首诗,比如练习古诗词。

《赋得古原草送别》〔唐〕 白居易

离离原上草,一岁一枯荣。

野火烧不尽,春风吹又生。

远方侵古道,晴翠接荒城。

又送王孙去,萋萋满别情。

《花非花》〔唐〕 白居易

花非花,雾非雾,夜半来,天明去。

来如春梦不多时,去似朝云无觅处。

绕口令:《数枣》

出东门过大桥,大桥底下一树枣,拿着竿子去打枣,红的多,绿的少。

一个枣两个枣三个枣四个枣五个枣六个枣七个枣八个枣九个枣十个枣。

十个枣九个枣八个枣七个枣六个枣五个枣四个枣三个枣两个枣一个枣,这是一个绕口令,一气儿说完才叫好。

在做练习时一定要心里读着,嘴里哼着,丹田发力,用气去冲击声带,使声带振动,把声音和气息一道通过鼻腔送达出来,喉部放松,想象你的呼吸道是一个中空的管道,两头抓紧(丹田和颧骨以上部位),中间松弛。喉部周围的肌肉切忌不要紧张和僵硬,以免造成声音发紧,影响声音的圆润和通畅。

二、张开嘴巴哼着说

在第一个步骤练好的基础上,就可以进行下面的练习了:张开嘴巴哼着说。练习的要领:张开嘴巴哼着说时,口唇的动作一定要和正常的咬字念字的口唇动作相一致,两者要很好地协调起来,切忌顾此失彼。练习的材料可以自由选择,可以是古诗词、歌词或者绕口令,要反复练习才能达到自如的效果。

练习这个步骤时,一定要在前一个步骤的基础上分别在低声区、中声区和高音区上进行。配合着下面的练习材料每天清晨练习 10 分钟左右,可以把它作为热嗓的运动练习。

1. 三个元音练习

练习自如的高音、中音、低音。每组 3 次。

发 "a" 音,半打哈欠,找到自己的中音,声带自如稳定振动。一口气,将肺部余气全部呼出。

发 "u" 音,圆唇,找到自己的低音,胸部共鸣强烈,声带自如稳定振动,一口气,将肺部余气全部呼出。

发 "i" 音,小腹有力,找到自己的高音,强控制,声带自如稳定振动,一口气,将肺部余气全部呼出。

2. 四个绕口令练习

双唇音:八百标兵奔北坡,炮兵并排北边跑,炮兵怕把标兵碰,标兵怕碰炮兵炮。

舌尖中音:调到敌岛打特盗,特盗太刁投短刀,挡推顶打短刀掉,踏盗得刀盗打倒。

舌面音：七加一，七减一，加完减完等于几？七加一，七减一，加完减完还是七。

舌根音：哥挎瓜筐过宽沟，赶快过沟看怪狗，光看怪狗瓜筐扣，瓜滚筐空哥怪狗。

3. 哼唱歌曲练习

在做这个练习时，一开始可以选择一些简短宜唱的作品，比如：《长城谣》《花非花》《草原上升起不落的太阳》等等。

三、张开嘴巴放开说

张开嘴巴放开说，是最后一个步骤的练习，它是前两个步骤基础上的练习，练习的要领是一定要保持住哼鸣的状态和感觉，丹田发力，喉咙放松。还要特别注意气息的运用和控制，一字一句、一板一眼、抑扬顿挫、声情并茂地把每个字发清楚。要注意声音的源头感觉在喉部以下胸口的位置，用力方向是叹气一样向下，你要先保证你声带良好闭合且喉头稳定在低位置，通道通畅，口腔内部有空间。感受到腰腹气息支持，同时身体舒展放松，没有任何的负担。

总之，哼着说甚至是哼着唱，都可以帮助我们体会到在喉部完全放松的情况下，得到声音上扬的高位置发声的状态。在声音矫治法中用哼鸣的感觉，可以帮助嗓音患者很好地松开喉咙，解决喉肌过分用力的问题，是治疗嗓音疾病的一个很重要的辅助性练习。我国著名的声乐教育家沈湘教授在教授学生时，也经常采用让学生哼着唱做练习："选择较低的一个乐句，闭上嘴巴哼着唱，用闭上口嚼东西的动作，一边嚼、一边哼唱，就在哼唱的地方张开口唱。千万不要找位置，位置不是找出来的，声音是发自你身上，多高都是由你身体出来……"这是很有益处的练习，希望大家在平时要多做，你一定会获得更加自然优美的声音。

第七节 三腔来共鸣,嗓音更圆润

一、掌握声音基础理论

首先,我们先来看一下什么是三腔? 这里讲的三腔主要是指: 胸腔、口咽腔和头腔。我们在讲话特别是在歌唱时,如果能合理运用这三个腔体的共鸣,会让你的声音更加圆润。这三腔好比是从下至上依次叠置起来的三个低音、中音、高音的音响,它能发挥整体混合音响的作用。我们自己作为调音师(因为乐器长在我们自己身上),如果能够协调三者之间的共鸣比例发出优美好听的嗓音,那么你就是一个出色的调音师了!

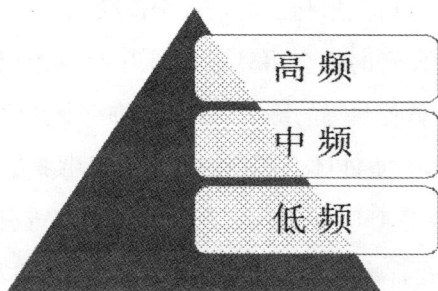

图4-2　高频、中频、低频所起作用示意

我想在掌握三腔共鸣之前懂得发声的生理机制,这是很有必要的,如了解歌唱器官的构造,歌唱发声的简单原理,声音的共鸣原理、共鸣腔的划分、共鸣腔的运用和声区的关系,运用共鸣的方法等。另外,还必须要掌握呼吸方法、呼吸的运用、了解呼吸的支点,常用的呼吸练习方法。

先来看一下共鸣训练的问题,共鸣的训练主要包括胸腔、口咽腔和头腔。

我们的声带由气流冲击时发出的声音是很微小、单薄的,只有良好的共鸣才会产生丰满、圆润的声音。我们练习自如的低音、中音和高音,分别用元音 u(乌)、a(啊)、i(衣)来练习,以此体会声音在我们胸腔、口咽腔和头腔的振动。在做练习时切忌呼吸的自然吸进,很多的声音训练师和歌唱教员会向自己的授课对象,讲到胸腹联合呼吸法,在此一定要注意遵循气息自然呼吸的原则,切忌有任何的刻意动作,要做到呼吸无声。正确的呼吸伴随着我们的身体一定是肩部放松、胸部放松、气息下沉。发声时我们的小腹微收(一定要注意不要刻意收起你的小腹),然后丹田发力,此时我们的胸廓和两肋是打开的。

用发元音 u,来体会胸腔的振动感。发音时 u 元音要圆唇,找到自己的低音,胸部共鸣强烈,声带自如稳定振动,一口气将肺部的余气全部呼出,同时发音;发元音 a 时,要有一种半打哈欠的感觉,一定要注意分寸的把握,此时我们的腭骨略微上提,然后找到自己最舒服的中声区的声音,声带自如稳定振动,一口气把肺部的余气全部呼出;发元音 i 时,小腹发力,找到自己的高音,强控制,声带同样稳定自如地振动,一口气把肺部的余气全部呼出。i 元音是所有元音中发声位置最高的一个音,发此音时你会明显感觉到头部的振动感,为了配合头腔共鸣的训练,有时要做一些鼻腔共鸣的练习,最有效的一个音就是类似于猫叫的"喵"音,用很轻的音量来练习,更能体会到声波冲击到鼻咽腔的感觉。

呼吸训练问题:关于呼吸问题我们在前几章中都曾有过相关的描述。谈科学发声的任何一个问题都离不开呼吸问题。呼吸是一切发声行为的原动力,如果离开呼吸谈发声技术,就好比谈一部车我们抛开发动机等核心技术不讲,只是讲其他构造一样。在发声运动中,我们运用良好的呼吸来获得有支持感的声音,发出高质量的声音。一切有声语言艺术都与呼吸有着密不可分的关系。自古以来关于呼吸的重要性,在许多的论著中都有着生动的描述,例如我国传统声乐论著中说:"气者,音之师也。气弱则音薄,气浊则音滞,气散则音竭。"这说明了早在古代,人们就已经认识到呼吸与发声有着不可分割的关系,知晓呼吸在发声中的重要性了。

关于呼吸的方式,自古至今一直延续下来的有以下几种提法:

（1）胸式呼吸：又称为锁骨式呼吸，是采用上胸控制呼吸的方法。它的典型特点是呼吸点集中在上胸部，吸入的气息浅而少。采用此种呼吸方式，容易导致喉头的上提和喉肌的紧张，发出的声音挤卡、生硬，缺少弹性。胸式呼吸一般在初学者身上较为常见，是一种不良的呼吸方式。

（2）腹式呼吸：腹式呼吸的典型特点是鼓肚子吸气，同胸式呼吸相比，它吸入的气息比胸式呼吸要深入，但是在实践过程中，存在着很大的缺点。由于吸气时不能和上腹部及胸部形成很好的联动，容易造成气息僵化，声音停滞、不够流畅。声音位置也不容易上扬，会造成声音发闷、发暗，发声位置偏低。

（3）胸腹式联合呼吸：它的典型特点是胸腔、腰腹腔肌肉和肋间肌共同控制气息。因为它非常接近自然呼吸状态，合乎生理机制，因此在声乐理论界得到了普遍认可和采用。它的优点在于对气息控制能力强，胸廓容易储存更多的气息，用于发声时有利于声区之间的转换和统一。

任何一门技术的掌握，不光需要一定的理论做支撑，更重要的是需要经过大量的实践。发声技术也不例外。我们懂得了呼吸的道理，还需要经过长期刻苦的练习，才能掌握并养成良好的呼吸习惯。练习呼吸的方法有快吸慢呼、慢吸慢呼、快吸快呼和慢吸快呼四种，常用的练习方法一般指前两种。

快吸慢呼：这种呼吸法是歌唱时最常用的一种。具体做法是：口鼻快速同时吸气，稍作停顿后，慢慢地把气呼出。在歌唱过程中乐句和乐句之间需要快速换气时，就需要掌握这种呼吸技术，俗称"偷气"。要领就是要掌握一个"快"字，快速把气控制在腰腹周围，然后收紧呼气肌肉群，在横膈肌的强有力的支持下，把气息缓慢的送出体外。

慢吸慢呼：在做慢吸慢呼练习时，我们可以单纯用鼻子吸气，这样可以将气息吸得更加深入，一般采用闻花香的方式来体会气息被柔和而又深入地吸到我们的肺底部。当我们闻花香时，我们的面部表情会不自觉地舒展开来，肋骨向两侧拉开，同时胸廓会向上、向前仰起，想到花香沁人心脾时，我们的背部也会不自觉地扩张开。当外界的空气进到我们的身体后，憋一小会后再慢慢地把气流均匀、连贯地呼出去。练习时可以在面前放一只点燃的蜡烛,呼气时吹动火苗,以此检验呼出的气流是否均匀、流畅。慢吸慢呼需要做到吸气时平静、柔和;呼气时均匀、连贯;慢慢地吸气,缓缓地呼气;要有节制。

呼吸训练是获得良好的腔体共鸣的重要保障,是发声过程中的核心技术,属于声乐技能技巧训练中必须要掌握的基本练习之一。在做练习时,我们可以不择时间、地点随时随地进行,把它贯穿到日常生活中去,以此养成良好的呼吸习惯。我们做呼吸训练和共鸣训练,根本目的都是为了获得科学的发声方法,具体来讲包括以下几个方面:

(1)建立良好的呼吸习惯,在强有力的气息支持下发声,以获得用横膈肌控制气息的能力。

(2)形成稳定的喉头状态,发声器官和呼吸器官协调一致地参与整个发声行为。在各个声区声音能做到转换自如、音色统一、发声位置统一,声音具有艺术感染力。

(3)在不同的声区合理地使用各个共鸣腔,获得调节不同共鸣比例的能力。比如在中低声区可适度扩大胸腔和口咽腔的共鸣比例,叠加少量头腔共鸣;到高音区适度扩大头腔的共鸣,适度叠加胸腔和口咽腔的共鸣。合理地使用共鸣,可以使我们的声音更加丰满和圆润,获得更好的声音效果。

(4)获得参与发声运动的各要素之间的协调能力。比如呼吸、共鸣和咬字吐字等紧密结合,协调一致地完成整个发声过程,做到“以气带声、以声传情”“声情并茂”。

在发声训练过程中,一般采用 a、e、i、o、u 五个元音字母,加上一定的辅音字母来练习,以此获得综合的发声技术。元音字母可以帮助我们获得良好的发声效果,因为元音字母是能唱得响的部分。辅音字母可以帮助我们准确地调动构语器官,做到准确地咬字吐字。最好是在专业老师的指导下进行发声练习,以免走弯路。发声练习要以中声区的训练为主,中声区的训练是基础,等到中声区基础建立起来后,再向两边的音区扩展,合理地使用共鸣,以达到各个声区应有的声音特色。

我们讲腔体的共鸣,并不意味着以放弃语言为代价。美声学派十分注重声音的训练,特别是共鸣的训练。在国内,有许多优秀的歌唱家在演唱外国作品时能做到驾轻就熟,而在演唱中国的作品时往往会在语言上出问题,存在咬字不清的问题,这是一个值得思考的问题。其实语言是声乐训练中的重要部分,在职业嗓音的训练中同样重要。它们共同的要求是:"叼住字头,延长字腹,归韵收声。"字头切忌吊死,力度适中,像老猫叼小猫的劲儿。字头、字腹和字尾要衔接好,做到动作的顺畅和连贯,语言必须同呼吸、发声、共鸣紧密结合,融为一体。

在练习时要多思考、多体会,并做好笔记。每天把自己练习的内容录下来,回放多听,找到最满意的音频资料,记住,照此练习,不断进步。

二、掌握声音共鸣的意义

如果在任何一个发声体的声场内,放入另外一个与原发声振动频率相同的物体,那么放入的这个物体就会接受原发声体振动的感应作用,而同时振动发声,这种现象就叫做共鸣。我们简单地来理解就是,当我们的气息催动声带,让声带的振动频率和共鸣器官内空气振动频率接近或者相等的时候,我们的声音就会得到放大和美化。

众所周知,人的声音是通过声带发出来的。声带就是两片薄薄的韧带组织,当气流通过声门时,引起声带黏膜波的振动从而产生声音。但是这个声音比较微弱而单薄,我们叫它"喉原音",这种声音是无法在配音中直接运用的,一个原因是喉音太微弱,让人无法听清楚,更重要的一点是缺乏圆润动听的质感,所以就要各种共鸣腔体在气息的作用下相互协作,共同来让喉原音放大和美化。

我们讲"三腔共鸣",只是讲述三大共鸣腔,其实优质的声音不仅仅是这三腔的共鸣,而只是说这三腔是最典型和最有代表性的高声区、中声区和低声区的共鸣腔体而已,如果我们想要达到最好的声音效果,应该是各共鸣受体比如一些窦体:额窦、蝶窦等都要参与进来,协同合作来达到理想的"三腔共鸣"。

第八节　膈肌、腹肌、后咽壁，力量练习声达远

在发声训练中可以通过一些特定的练习，来锻炼我们的膈肌、腹肌以及后咽壁的力量，以此增加这些部位在发声中的坚挺度和灵活性，达到增强声音的投射力和声道的畅通性的目的。我们可以通过发"嗨"音或者是"哈"音来锻炼膈肌和后咽壁。

具体练习可分四个步骤进行：第一步：口鼻自然松开、呈半打哈欠状，将气息柔和地吸到胸廓的底部，这时两侧的肋骨像风箱一样打开，用一口气发出两三个扎实的"嗨"音，或者是"哈"音，两个音可以单独分开练习，也可合并进行，不断重复坚持数日。

第二步：在做好第一步的基础上，不断增加持续发音的弹发次数，要在一口气的前提下发出数十个音。在弹发过程中，小腹要收缩有力，保持发力均匀，发声位置要统一，音量、音色要保持一致。

第三步：在第二步坚持锻炼一段时间后，会获得自动进气的能力，弹发"嗨"音，达到速度由慢到快、能慢能快，声音稳健而又轻巧的效果。

第四步：待前三步基础稳定后，就可以做第四步的练习。第四步对声音的属性有更高的要求，即对音高、音量、音强和音色做出调节，以求不断地变化，使声音更加丰富多彩。比如说通过调整共鸣后的音色的变化、通过调整气息量而产生的音量的变化等等。刚刚开始练习时会出现发声动作不连贯、声气不协调等问题，重点体现为腰腹部发力点和声音位置点不同步，练习过程中还会出现腰酸腹痛的感觉。以上情况都属于正常现象，待练习动作熟练后，这些现象就会慢慢消失。长期坚持练习，就能够获得发声动作与声音效果的高度统一，腹肌、膈肌的力量和灵活程度会明显提高、后咽壁的坚挺度也会不断地增强。这个练习

还有利于协调气息和声带发声状态,改善部分中老年人出现的"塌中""倒仓"以及"声衰"等声音问题。

在练习的过程中,我们可以根据自己的具体实际,变换不同的母音进行练习。比如:i(衣)a(啊)的结合,或者是单独分开练习,来解决发声位置过低,或声音后倒的问题。如果想练习基本音色和获得丰满的胸腔共鸣,可以选择练习"哈"音。练习时可以把手置于胸部,检查发声时胸部是否有振动感,如果有较为明显的振动感,就说明胸腔产生了较为丰富的共鸣,然后把这种感觉运用到讲话和演唱中去,你的声音就会既饱满又扎实,会获得较为理想的声音效果。

除了嗨哈音用于练习膈肌、腹肌和后咽壁的力量外,在日常生活中我们还可以做一些练习,针对性地练习局部的力量。比如大家熟悉的仰卧起坐,主要就是练习腹肌的力量。女孩子还可以做平板支撑,同样可以达到锻炼腹肌的作用。如图 4-3 所示。

图 4-3 平板支撑示意图

练习方法:俯卧,双肘弯曲支撑在地面上,肩膀和肘关节垂直于地面,双脚踩地,身体离开地面,躯干伸直,头部、肩部、胯部和踝部保持在同一平面,腹肌收紧,盆底肌收紧,脊椎延长,眼睛看向地面,保持均匀呼吸。每组保持 60 秒,每次训练 4 组,组与组之间间歇不超过 20 秒。

动作要领:肘关节和肩关节与身体保持直角。在地板上进入俯卧姿势,用脚趾和前臂支撑体重。手臂呈弯曲状,并置放在肩膀下。任何时候都保持身体挺直,并尽可能最长时间保持这个状态。

第九节　常把口齿来磨练，咬字才能更灵活

我们的构语器官包括：唇、齿、舌、上腭等部位。在语音发声过程中，构语各器官起着咬字吐字的作用。这些部位活动能力的大小，直接影响到语音的清晰度。经常做磨练口齿的练习，可以提高构语器官，特别是唇舌的力度和灵活性，使咬字更加准确、清晰，可以解决发声上的吐字不清和大舌头的问题。具体分为口部操练习、音字词练习和绕口令练习三种练习方法：

一、口部操练习

口部操练习：主要练习唇部的力量、舌头的灵活性和颊部的力度。目的是提高咬字器官的灵活性和协调性。

1. 唇部力度练习

第一个动作"喷"的练习方法：双唇紧闭，阻住气流，然后突然迅速放开，发出短促有弹性的"p""b"音。注意一定不要满嘴用力，要把力量集中在唇部中央 1/3 处，"p""b"交替练习。

第二个动作"咧"的练习方法：嘴巴用力向前噘起，唇部呈圆形，可用手加以辅助练习，然后嘴角用力向两颊左右伸展、用力噘起，动作反复进行。

第三个动作"撇"的练习方法：双唇噘起后，发力点在嘴唇中间，分别向左右上下运动，交替进行，可用手捏住撮起的唇部加以辅助运动。

第四个动作"绕"的练习方法：双唇紧闭、噘起，左右各旋转 360 度，动作循环往复，注意动作尽量连贯，可用手加以辅助练习。

第五个动作"唇打响"的练习方法：双唇紧闭，双唇中间发力、突然放开后发出响亮的双唇音。

2. 舌部操的练习

第一个动作"伸"的练习方法：把口张开、开大、鼻孔略微张开，颧骨上抬，努力将舌最大程度地伸出口外（如同嗓音大夫检查嗓子时把舌头拽出一般），舌尖越尖越好，伸完后再把舌头轻轻向后缩到最大程度，反复进行。注意练习过程中口型要固定，不要随着舌头的运动而改变。

第二个动作"刮"的练习方法：舌尖轻轻抵住下牙齿背，然后用上门牙的齿沿刮舌尖和舌面，反复进行。

第三个动作"倒"，主要是为练习舌头的灵活性而设计的。"倒"的练习方法：把一个类似花生米大小的物体放在舌面上，然后舌面用力提起使它能够翻转起来，反复进行。

第四个动作"弹"的练习方法：把力量集中在舌尖抵住上齿龈，阻住气流，然后突然打开发出 t 音，反复进行。注意舌的前中纵线要用力爆发出 t 音，越有力越好。

第五个动作"顶"。双唇紧闭，用舌尖分别抵左、右内颊。

第六个动作："转"。闭唇，舌尖伸到齿唇中间，顺时针 360 度、逆时针 360 度，交替反复进行。

第七个动作："立"，这个练习在舌体练习中是十分重要的。方法如下：把舌头自然平放在下齿槽中，然后向左右来回翻立。反复做，想着做，以此锻炼舌头力量的左右平衡。

第八个动作：舌打响。舌尖用力弹硬腭，发出集中响亮的声音。注意舌尖弹发要有力度。

3. 颊部操练习

颊部操主要是为发声时双颊肌肉过于松弛无力的人设计的。颊部操往往容易被人忽略，其实它可以有效地锻炼我们颊部的肌肉力量，使我们的发音更清晰、更准确。它的练习要领：嘴角咧开、缩起舌头，然后用力做咀嚼的动作。

二、音字词练习

操练字音的练习主要是指音、字、词的发音练习。它的目的是为了获得和稳定音准。它是在具备一定的语音基础上进行的,是根据汉语语音 21 个声母和 39 个韵母的拼合关系,结合声母、韵母和声调的音节结构来组织练习材料。

1. 声母的练习

声母指的是音节开头的辅音,声母的训练对于日常交流和朗读特别是歌唱行为中发清字音、增强语言的艺术感染力都有十分重要的意义。练习的原则是每个声母要特别注意发音的部位和发声的方法,这在一些播音课里讲述得很清楚,在这里我需要向大家强调的一点就是:声母关系到我们汉语普通话的字头部分,语言清晰与否与声母的发声方法有很大的关系,具体到咬字就是要做到"叼住字头"。

2. 韵母的练习

韵母指的是音节中声母后面的部分。韵母的练习按照单、复韵母,鼻韵母的顺序,先读准然后结合不同的声母进行练习。如单韵母 a(啊),例字有:爸爸、妈妈、发达、大厦、打靶、打卡、蚂蚱、麻辣等等。

复韵母要注意音素的结合关系,特别要注意唇舌存在的动程如:iao、ian,例字有:标、前、吊销、脚镣、教条、秒表、飘摇、笑料等等。

鼻韵母的练习要分清前后,注意韵头、韵腹一般是不能鼻化的,它只有一个自然的过渡。如:ang 例字有央、良、两、亮等等。

3. 声调的练习

声调是音节高低升降的变化趋势,也叫字调、音调。声调的练习是在明确普通话四声调值的前提下进行的。普通话的调值是指音节高低、升降、曲直、长短的变化形式。汉语普通话有 55、35、214、51 四种调值,阴平、阳平、上声、去声四个调类(分别对应的是高平调、中升调、降升调、高降调)。

四声口诀:起音高高一路平,由中到高往上升。先降后升曲折起,高起猛降到底层。

声调练习要先进行同声韵的四声练习,即单音节的练习。例如:妈、麻、马、骂。然后再进行双音节、多音节的组合练习。练习材料应该由多种音调排列组合而成,共包括阴平、阳平、上声、去声分别起头的 16 种样式。

例如以阳平开头的样式:

阳阳相连:红颜、阀门、延长、昂扬

阳阴相连:平安、围攻、鱼鹰、牙根

阳上相连:苹果、文笔、而已、眉笔

阳去相连:门面、明灭、伯仲、营造

其他 12 种可依次类推。

4. 多音节练习

多音节字词包括三音节和四音节字词的练习。练习时除了注意四声调外,还要注意词的轻重格式。由于词义、感情的需要,一个词中各音节有轻重强弱的差别,可分为重、中、轻三种。比如三音节字词,属于中中重格式的有:共产党、招待会、国务院等。四音节的组合材料多以四字成语为主,如:兵强马壮、风云变幻、山穷水尽。属于重中中重格式的四字词有:面如刀割、敬而远之、惨不忍睹等,属于中重中重格式的四字词有:昂首阔步、安居乐业、丰衣足食等等。

三、绕口令练习

绕口令练习是在声韵调准确基础上的强化练习,练习时要注意以下几点:

第一,把握不好的段子要多练、勤练;由慢到快地练习,注意吐字清晰;要结合用气,做到开口前气息上通下达,喉部放松,牙关打开。运行过程中要做到补气自如;做到快而不乱,把握节奏,内容清楚。

第二,注意练习的速度一开始不宜太快,要在读清读准的前提下,慢慢再提速练习,不要追求速度,先慢读读好。练习唇力的段子双唇用力时要以上唇为主,要注意把力量集中在嘴唇中央的 1/3 处,不要满口用力。后逐渐加快,要量力而行,切忌盲目追求语速。

1. 双唇音练习(b、p、m)

训练提示:双唇音是指上唇与下唇接触构成阻碍后发出的一种辅音,共有b、p、m三个。b和p的区别在于不送气和送气,而b、p和m的区别则是前两个辅音发音时软腭提起,气流从口腔出来,而后一个要发成鼻音,注意除阻时的爆发力。

双唇音发音时力量应集中在双唇中央,不要咧嘴角,不要双唇抿起,否则会影响音准。送气音的气流不要太强,唇部收紧,接触有力,并注意与气息的配合。练习双唇音最典型的段子就是《八百标兵》。

《八百标兵》

八百标兵奔北坡,炮兵并排北边跑。

炮兵怕把标兵碰,标兵怕碰炮兵炮。

2. 唇齿音练习(f)

训练提示:第一,上齿与下唇形成阻碍时要自然接触,不要上齿咬住下唇发音,否则成阻部位面积大,力量分散,有发成塞音的趋势,显得笨拙;第二,唇齿接触面积不要太大,否则易产生杂音,要调理好气息,除阻后紧接元音,这样字音就清楚了。

《画凤凰》

粉红墙上画凤凰,凤凰画在粉红墙。

红凤凰、粉凤凰,红粉凤凰、花凤凰。

3. 舌尖前音练习(z、c、s)

训练提示:舌尖前音是指舌尖平伸抵住或接近上齿背,气流在这一部位受到阻碍后发出的音,又叫平舌音。这组音也属于容易出现发音问题的一组音。发音时,一定要部位准确,舌尖要与上齿背成阻而不是舌前部整个贴在上齿背上,否则舌中部无力,成阻面积要小,力量要集中。另一个问题要注意,避免舌尖伸到两齿中间变成齿间音,形成所谓的"大舌头"。

《紫茄子紫》

紫茄子紫,

紫茄子结籽,

紫茄子皮紫肉不紫。

紫紫茄子结籽,

紫紫茄子皮紫籽也紫。

你是喜欢吃皮紫肉不紫的紫茄子

还是喜欢吃紫皮紫籽的紫紫茄子。

《做早操》

早晨早早起,早起做早操

人人做早操,做操身体好。

4.舌尖中音练习(d、t、n、l)

训练提示:舌尖中音指舌间抵住上齿龈,气流在这一部位受到阻碍后发出的音。练习时注意部位要准确,舌尖要有力度。调整好呼吸,使受腹部控制的气流,不断冲击成阻部位,让舌尖灵活有力地弹及上齿龈,注意舌的弹卷力,要能够敲响它,即舌尖阻被突然冲开,不能拖泥带水。注意练习时着力点放在舌尖上,舌尖打嘟噜可以锻炼舌尖的这种力度。

《白石塔》

白石塔,白石搭,

白石搭白塔,白塔白石搭,

搭好白石塔,白塔白又大。

《打特盗》

调到敌岛打特盗,特盗太刁投短刀,

挡推顶打短刀掉,踏盗得刀盗打倒。

5.舌尖后音(zh、ch、sh、r)

训练提示:舌尖后音是指舌尖后移与齿龈后部接触构成阻碍后发出的一种

辅音。这组音又叫翘舌音,发音时容易与舌尖前音相混。

《学时事》

史老师,讲时事。

常学时事长知识。

时事学习看报纸,心里装着天下事。

《朱叔锄竹笋》

朱家一株竹,竹笋初长出。

朱叔处处锄,锄出笋来煮。

锄完不再出,朱叔没笋煮。

竹株又干枯。

《晒人肉》

日头热,晒人肉,

晒得心里好难受。

晒人肉,好难受,晒得头上直冒油。

6. 舌根音的练习(g、k、h)

训练提示:舌根音指舌根和软腭相连,气流在这一部位受到阻碍后发出的一种辅音,是二十一个声母中发音最靠后的三个音,音色属于最暗的一组。有些男生为了追求声音的宽厚、有气势,把这三个本来已经很靠后的舌根音发得更靠后,这样极容易把韵母也带到后面,导致喉音等不良发音状态,注意舌位有意识地前移,即后音前发。

《哥挎瓜筐过宽沟》

哥挎瓜筐过宽沟,赶快过沟看怪狗。

光看怪狗瓜筐扣,瓜滚筐空哥怪狗。

7. 舌面音(j、q、x)

训练提示:舌面音指舌面前部抵住或接近硬腭前部,气流在这一部位受到阻碍后形成的音。这组音最容易出现的问题就是尖音(舌尖化),对于播音员来讲,有了尖音显得不庄重、不朴实。为了避免尖音,注意不要让舌尖碰到牙齿或两齿之间。注意受方言影响,部分人发的舌位比较靠后,发音时要注意找准部位。

《七加一》

七加一,七减一,

加完减完等于几?

七加一,七减一,

加完减完还是七。

《漆匠和锡匠》

七巷一个漆匠,西巷一个锡匠。

七巷漆匠偷了西巷锡匠的锡,

西巷锡匠拿了七巷漆匠的漆,

七巷漆匠气西巷锡匠偷了漆,

西巷锡匠讥七巷漆匠拿了锡,

请问锡匠和漆匠,谁拿谁的锡?

谁偷谁的漆?

8.绕口令综合练习

注意在做练习时吐字要清晰,发音要准确,还要慢练,尽量控制语速。要循序渐进、说的时候节奏适度,学的时候要一步步来,不能操之过急,再就是勤于练习,坚持不懈。练习材料如下:

九十九头牛,驮着九十九个篓。每篓装着九十九斤油。牛背油篓扭着走,油篓磨坏篓漏油,九十九斤一个篓,还剩六十六斤油。你说漏了几十几斤油?

陈是陈,程是程,姓陈不能说成姓程,姓程也不能说成姓陈。禾旁是程,耳朵是陈。程陈不分,就会认错人。

威威、伟伟和卫卫,拿着水杯去接水。威威让伟伟,伟伟让卫卫,卫卫让威威,没人先接水。一二三,排好队,一个一个来接水。

扁担长,板凳宽,板凳没有扁担长,扁担没有板凳宽。扁担要绑在板凳上,板凳不让扁担绑在板凳上,扁担偏要扁担绑在板凳上。

七巷一个漆匠,西巷一个锡匠。七巷漆匠用了西巷锡匠的锡,西巷锡匠拿了七巷漆匠的漆,七巷漆匠气西巷锡匠用了漆,西巷锡匠讥七巷锡匠拿了锡。

一位爷爷他姓顾,上街打醋又买布。买了布,打了醋,回头看见鹰抓兔。放下布,搁下醋,上前去追鹰和兔,飞了鹰,跑了兔。打翻醋,醋湿布。

青龙洞中龙做梦,青龙做梦出龙洞,做了千年万载梦,龙洞困龙在深洞。自从来了新愚公,愚公捅开青龙洞,青龙洞中涌出龙,龙去农田做农工。

南南有个篮篮,篮篮装着盘盘,盘盘放着碗碗,碗碗盛着饭饭。南南翻了篮篮,篮篮扣了盘盘,盘盘打了碗碗,碗碗撒了饭饭。

小毛抱着花猫,花猫用爪抓小毛,小毛用手拍花猫,花猫抓破了小毛,小毛打疼了花猫。小毛哭,花猫叫,小毛松开了花猫,花猫跑离了小毛。

说你会炖我的炖冻豆腐,来炖我的炖冻豆腐,不会炖我的炖冻豆腐,别胡炖乱炖假充会炖,看炖坏了我的炖冻豆腐。

蓝教练是女教练,吕教练是男教练,蓝教练不是男教练,吕教练不是女教练。蓝南是男篮主力,吕楠是女篮主力,吕教练在男篮训练蓝南,蓝教练在女篮训练吕楠。

咬牛奶,喝面包,夹着火车上皮包。东西街,南北走,出门看见人咬狗。拿起狗来打砖头,又怕砖头咬我手。

天上一颗星,地下一块冰,屋上一只鹰,墙上一排钉。抬头不见天上的星,乒乒乒乒踏碎地下的冰,啊嘘啊嘘赶走了屋上的鹰,唏哩唏哩拔掉了墙上的钉。

总之,要想声音改变,光喊不练都是假把式,只有勤学苦练,声音才会不断地改变。每天把声音的练习当成一种习惯,一天不练就感觉一天没有洗脸和刷牙一样,只有靠日积月累、常年坚持不懈的练习,我们才会最终收获好声音。

第十节　扩展音域最后练,声音更具感染力

前面几节我们在呼吸、共鸣、磨练口齿等方面做了相关的介绍,本节我们主要来讲科学发声的最后一个阶段——扩展音域,它可以使你的声音收放自如,在讲话和歌唱时增加声音的感染力,下面介绍几个练习。

一、改变音高、音量和音色的练习

在前面几章我们对音色做过相关的介绍,它是声音的四大属性之一,指的是声音的色彩,它是把不同嗓音区分开来的重要特征。每个人都具有自己独特的嗓音音色,一个人通过调整自己的发声状态,可以变换出多种嗓音音色。科学发声就是通过调节我们的嗓音乐器,实现声音的高与低、大与小、强与弱以及音色上的不同变化。发声训练的内容,首先是要取得稳定的基本音色,然后是基本音色的虚实、明暗变化,最后是整体协调改善嗓音音色。

(1)练发和延长 a(啊)元音,取得和稳定基本音色。在发声练习中, a 元音最容易获得嗓音的基本音色。在所有元音当中, a 元音最接近讲话的自然音色,因发它时口腔开度最大、容易发声、运用频率高,因此常常把 a 作为发声训练的首选元音字母。采用 a 元音练习有利于获得嗓音的基本音色,通过练习长元音 a,可以提高我们对气息的控制能力,同时还可以纠正一些发声上的不良习惯。具体练习要领如下:

第一,要注意内口腔的打开,呈半打哈欠状,牙关部位要松开,颧骨提起,挺起软腭,松开下巴。

第二,舌尖儿轻抵下牙龈,舌面自然放平,中间略呈浅槽,上下牙齿微露。

第三,跟咬字器官保持均衡的紧张状态(不等同于用力)。

第四,吸气时气道要打开,要感到上通下达,呼气要均匀、平稳。

第五,依据自己习惯的音量、音高以及对音色的想象发出,声音安放的位置要高,音色不能过实或过虚,要以实为主、虚实结合。

(2)基本音色的虚实变化。这个练习是在取得稳定的基本音色的基础上进行的。音色的变化形式有明与暗、虚与实的变化。在发声训练中主要是练习虚实的变化,以此获得不同声音色彩。练习时我们要以实为主、虚实结合的方式进行。虚实的变化要注意喉咙实而不紧、虚而不懈。也就是说发实声时,喉咙不要过度紧绷;发虚声时喉咙不要过于松懈,要保持适中的力度,做到松而不懈,紧而不僵。从咬字上讲就是要做到"咬上劲儿",但"咬不死字",做到"虚而不松、实而不紧",字音要充实。具体练习步骤如下:

①单元音 a、i 为主的虚实对比练习。先发实声的 a 再发 i,再发相对虚的 a、i,最后做由虚向实或者由实向虚的过渡练习。

②两字词的虚实对比练习。练习方式有三种,一是实虚结合。比如中国,第一个字采用硬起音的实声,第二个字采用虚声;第二种是虚实结合。第一个字采用软起音的虚声,第二个字采用实声;第三种是虚虚结合,即两个字都用气声发音。用三种起声状态进行一组词的练习。起声状态的改变会导致你音色的变化。

③句子的虚实变化练习。我们可以选择古诗词的诗句作为这个练习的练习素材。虚实变化可以安排在诗句与诗句之间,也可设计安排在某一个诗句中字词和字词之间。在安排虚实变化时,要根据作品内在情感抒发的需要来朗读。虚实变化方面经常出现的问题有三种。一种是气多声少的"气包字"。在听觉上给人的感觉是送气声完全掩盖了语音,给人发声上不明朗、浑浊的感觉。这种情况与个体本人平时喜欢偏爱虚声发音有关,另外从发声技术上讲,与对气息控制力不强有直接的关系。解决这种发声上的问题,首先要在心理上保持一种吸气的状态。主动想着"吸着点儿唱",两侧肋骨拉开、腹壁站立、胸廓向上向前,声门下保持一定的下压力,要"蓄住气儿""腰腹用上劲儿"。另外咬字时要咬上劲儿。在虚实变化方面经常出现的第二种情况就是缺乏胸腔共鸣。以胸腔共鸣为主的

发声,音色上会更加的扎实和饱满,如果缺少胸腔共鸣,声音上就会发扁、发尖,听起来不柔和、不圆润。可以采用"哈"音练习来纠正。利用发 ha 音来取得一些胸腔共鸣。第三个问题是缺少适当的鼻腔共鸣。在发声过程中叠加适度的鼻腔共鸣,可以使我们的声音更昂扬、高亢、丰满。如果缺少鼻腔共鸣,就会导致发声位置偏低,声音不够通透和明亮。多是由于软腭下塌,鼻腔通道堵塞后造成的。可以采用哼鸣练习来解决。

(3)协调和改善语音音色。在语音当中一个音区别于另一个音的本质特征称为语音音色。就是在音位理论的基础上、在不影响达意的基础上,适当调整发音部位和方法来获得音素或音节的协调。具体练习方法有以下几种。

①以开带闭,使闭口音稍开。开口音是指开口度较大的音。例如 a、o 等音;闭音反之。练习时以第一个开口音的感觉来带动第二个音的发音,可以使第二个音发音时共鸣得到调整,从而达到协调和改善音色的目的。练习材料如:安宁、巴黎、把戏、草地、发音等等。

②以闭带开,使开口音稍闭。道理相同,练习材料如:技法、巨大、提拔、库房、复杂、立方、出发等等。

③以前带后,使后音稍前。前者是指发音位置偏前的音节,练习时以第一个音节的感觉为主来带动第二个音节,使第二个音节的共鸣得到改善。练习材料如:提高、诗歌、预告、因果、难过、实况,等等。

④以后带前。练习材料如:刚毅、个别、公示、合理、抗体、物业、共鸣,等等。

⑤以优带劣。就是用读得好的字音带动不好的字音,以求得音色的平衡和统一。

练声过程中需要注意如下问题。

①掌握基本音色,通过调节发声运动的诸要素,比如呼吸、共鸣等获得和谐、统一的嗓音音色。高、中、低音发声位置统一,音色均衡。

②建立稳定的喉头状态。高、中、低音喉头位置相对稳定,做到发低音时喉头低而不压、发高音时高而不提。

③把握声音的走向。感觉声音要先向上再向前传出。在中低声区，声音走向要感觉偏向前；在高声区，声音的走向偏向后一些。因为在发中低音时，喉头会处于相对适中的位置，口腔的开度也不需要张得太大，声音的走向刚好符合自然向前传送。到高音区时，人的自然发声会使喉头不自觉的上提，此时需要充分打开口腔的后半部，贴着后咽壁吸着点儿唱，发出的声音才会饱满、通透。

④调整在不同发声状态下的气息压力。发高音时，来自腰腹部的气息支持感会明显加强，气息压力增大；发低音时，腰腹部的气息支持感会减弱，气息压力变小。因此要根据不同的发声情况，对气息进行有效的控制，调整好气息压力以满足发声的需要。在实际用声的过程中，如果是声音上出现了问题，绝大部分原因是呼吸上出了问题，"声音好不好，要从气上找"讲的就是这个道理。当然除了呼吸上的问题外，还有一些其他方面的因素，比如说个人声音审美上和发声习惯的原因。有人认为自己是高声部，就一味地去追求高音；反之，有人认为自己是低声部，就一味追求低音，还有些人由于喜欢某一种嗓音音色，不考虑自己的基本音色，盲目地去模仿，久而久之，就会偏离自己的基本音色，发出的声音要么过高，要么偏低。因此一定要了解自己的嗓音音色和音高范围，采用最舒适的方式发出最好听的声音。既在发声心理上感觉舒服、客观上声音又要好听。那么，如何才能达到这种效果呢？首先可以先进行主观判断。先用不同音高来朗诵一首诗，通过对自己音色的质量和自然度对比判断来确定自如音高的范围；再用客观判断来确认一下。用钢琴确定最低音发到最高音和最高音发到最低音的音域范围，然后取中间的音域范围就是最佳的适用范围。

调节声音的响度，准确地表情达意。在语言的表达中，富有高低变化的声音，才会有感染力。这就需要根据不同的情况，不断调节声音的响度，以符合表情达意的需要。日常生活语言响度变化不大。而艺术语言和生活语言不同，它需要对生活语言进行艺术化的夸大，因此对声音有着更高的要求，在声音的响度上，有时需要有大幅度的变化。对于声音的响度要做发声上的训练，才能达到艺术语言上对声音的要求，响度调节训练方法要领：

①利用设想不同听众人数的方法来调节。这要从感觉上来调整,如一对一、一对十、一对百或一对几百等等。

②利用设想同听众之间的不同距离来调节。由近到远可以设想一开始是面对面,然后隔开几排桌椅、隔开几条马路、隔开几座山头,根据距离的远近来调整声音响度的大小。

③利用在不同的语境下来调节声音的响度。我们知道,在不同的语境下声音的响度是有明显不同的。比如与人谈心时、自言自语时、高声朗读时等等,声音的响度大小都是不同的。日常生活习惯中,音量一大声音就高,音量一小声音就低。我们要打破日常用声上的惯性,可以练习小音量发高音或大音量发低音,以此训练自己调节声音响度的能力。在做练习时一定要根据自己的实际情况,量力而行,不能超出自己发高声和低声的音域范围,盲目追求高音和低声。

不正确用声的纠正方式:在练习发声过程中,有些人会出现喉音、舌根音、鼻音、尖音等等一系列不正确的用声方式。从大的方面来看,主要会出现鼻音、喉音、音包字等。在练习发延长的 a 音时,这些问题都会表现出来。

鼻音:发音效果 a 元音有掺杂后鼻音 in 的音色。产生的原因主要是软腭塌陷,鼻腔通道过大。非生理性疾患所形成的鼻音一般都能矫正。常用的方法是在发音时用手指轻轻捏住鼻翼堵住鼻腔通道,把软腭挺起来像打哈欠一样,记住发声时的状态和感觉,通过一段时间的练习就会改掉鼻音。

喉音:发音效果 a 元音中带有"额"的音色。一般是由于舌根紧张,压迫喉部,使声音内向成分过多造成的。常用的矫正办法有两种:一种是叹气法(利用叹气来放松舌头和喉部),感觉声音是从深处来的。一开始不要害怕发出嘘声,等舌根和喉部解除了紧张,再逐渐转换成实声,这样就会逐渐消除喉音;另一种矫正的办法是加强舌前部的力量,使舌力取得一种平衡,一般比较见效。发力点集中在舌的中前部,这样与紧张的舌根会形成一种力的平衡,可以取得舌根放松、舌根力量减小的效果。在发 a 音时的感觉是有力地向外弹,送得比较远。

音包字:音包字也是常见的毛病,在发 a 音时带有 o、u 的色彩。原因是发音时唇和两颊无力，使后声腔开度过大，而变化极小造成的。唇齿相离会造成字音含混不清、造成音包字。后声腔的开度比平时讲话要大一些，但不等于一成不变，要根据字的要求来产生变化。如果一成不变又开度过大就会造成音包字。要注意提颧骨，上下齿微露，调整舌高顶的位置，把后 a 调整往前移到中央 a 的位置，发出清晰的 a 音，从而取得和稳定基本音色。

二、科学用声总论

在日常生活中，职业嗓音工作者因为高频率地用嗓，很容易患嗓音方面的疾病，比如慢性咽喉炎、声带水肿、声带小结、声带息肉等等，教师便是一个嗓音病高发群体。嗓音疾病具有反复性，得了以后很难恢复，有很多人只是一味奔走在寻医问药上，而没有真正关注嗓音疾病的致病根源，不会科学用声和用嗓。如果用一个词来概括科学发声，那就是"协调"。协调什么呢？最关键是协调声音和气息的关系，说得具体点就是参与发声的肌肉（包括声带、声带肌、杓状软骨、会厌软骨等等）和来自肺底部的气息之间的关系，还有整体协调咬字吐字器官和共鸣器官，以求能准确地表情达意。我们把科学发声法用几句话来加以概括：

气泡觅得音之源，哈笑哭泣运丹田。

哼鸣安放音高位，磨练口齿准达意。

提、压、挤卡要避免，紧抓两头放中间。

健声美音气为线，吸气一片呼一线。

上通下达喉舒适，抑扬顿挫情声发。

下面我们就科学发声有关的问题做一讲解：

1. 有关喉咙放松问题

做任何事情都有一定的"度"，做十分努力，就需有十二分的能量，也就是说要有"余份儿"。声带的活动余地完全取决于喉头的相对放松程度。相对放松喉部，使声带自如地振动，才能自如地发出泛音丰富的乐音；放松喉部，用较小的气息使声带振动，可以大大改善声音质量，提高发声效率。虽然声带和喉头的放松在某种程度上能够有效地改善声音形象,但这并不意味着要松到不可收拾的地步,我们的目的在于用放松喉头的努力来调节喉肌,过分地使声带松到了失去应有的张力也与我们的初衷相悖。我们这里是针对一些发音者为了炫耀声音的厚度,刻意模仿某某名家的发音,一味地压低喉头,结果发出的声音生硬、艰涩、混浊、呆滞,既无表现力又缺乏美感的现象而言的。

所以,作为一个职业发声者要善于适度地给喉头"松绑",喉头一要稳,二要松,三要主动调节。要学会用吸气时的感觉去放松喉头,努力给声带营造一个良好宽松的工作小环境。"卡"脖子发音只能加重声带的负担,压喉头模仿更没有出路。

2. 有关气泡音的问题

前面我们已经就气泡的问题做过介绍,在此重新拿出来足见它的重要性。

职业嗓音工作者用声的频率和强度比一般职业的从业者要高得多。声带是非常娇嫩的肌肉组织,即使用再科学的发声方法,用声时间久了,它也会疲劳。如果长期得不到休息,就会导致嗓音疾病的产生,造成发音上的障碍。因此,一定要在大量用声后,让声带得到充分休息,适当的休声,是非常必要的,同时配合做一些有利于缓解嗓音疲劳的练习,可以起到事半功倍的效果。发"气泡音"就是一种很好的缓解用声疲劳的练习方法,对喉咙具有一定的按摩和保健作用。

所谓"气泡音",就是由喉部发出的微弱颤音,再具体一点说就是在发音时使两条声带微微靠拢,用微弱的气息轻轻地吹动声带,发出一种气泡。大量的实践证明:气泡音对于实现声带振动的平衡、促进声带的生长及增加声带肌的力量都是大有裨益的,同时在锻炼过程中还容易体会到对气息的控制,是一举多得的好办法。

气泡音的练习应注意以下几点:

注意练习时间的选择:气泡音的练习最好选择在清晨起床后。充足的睡眠让我们劳累一天的声带得到休息后,正好是处于最放松的状态,此时练习气泡音,最容易发出。

注意控制练习时间：练习气泡音的目的是按摩声带，缓解声带的疲劳，如果练习时间过长，反而会使声带疲劳。因此要注意不要长时间的练习，一般控制在每次 10 分钟左右。

注意做气泡音练习时，口腔和喉部的肌肉要放松，头部端正平视，声带不可控得过紧，保持正确的呼吸姿态，心境平实，气息要缓，只要能吹动声带振动就行。

注意气泡音的"音"要均匀、持久、不能间歇，不能时大时小，时有时无。

注意发气泡音的重点在"泡儿"。发音时，声音可放到最大，闭口、张口均可。

注意发气泡音时，口腔可以往复开合，甚至可作咀嚼状，这对声带振动的匀称性具有重要意义。

3. 有关哼鸣的问题

哼鸣练习是建立在气泡音基础上的，它比气泡音又进了一步。做这种练习可以使两片声带靠得更紧些，使气流的冲击力量更强些，发较强的声音时它还有扩大声腔的作用。哼鸣练习一般采用鼻辅音 m、n、ng 做素材，歌唱发声教学多用 m 练习。言语发声是为了扩大声腔使口鼻联合形成强有力共鸣和加大声音的响度，不妨也借用这种 m 音练习法。但需要指出的是，言语发声仅用 m 音还不够，还要用到 n 和 ng，因为 n 和 ng 练好了，汉语的前、后鼻音问题就解决一半了。言语发声的哼鸣练习主要是改变声带的运动形式，使声带得到均衡的运动，而并不是歌唱发声学上所要求的为了锻炼音高，找上部共鸣或统一声腔。

因此说，语言工作者练习哼鸣应格外小心，不要将声带绷得太紧，声音往上走的时候口腔的内膛也应随之撑大，并可寻找一种带有疑问色彩的共鸣。m 哼鸣的综合感觉应当如下：软腭带着小舌自然垂下，松开鼻腔的通路；双唇吻合，牙关打开，口腔内呈自然状态；让气息过咽腔到达口腔前部，在此首先振动取得微弱共鸣；然后，又折返咽腔上冲鼻腔流出，带动鼻腔的共鸣，形成口鼻联合共振。m 哼鸣实际上有三个共振点，一口腔，二鼻腔，三眉宇间的额窦。三点先连成线，继而又扩展成面，感觉双唇在均衡紧张振动，有麻酥感，甚至整个面罩都在振动。哼鸣的声音由低到高,由弱到强,结合气息的训练一道练习效果更好。

哼鸣发音时声带的负担非常小,因此对于声带还具有一定的保健作用。声带是重要的发声器官,犹如嗓音乐器的"琴弦",它是发声的核心。它不同于普通乐器的琴弦,坏了可以更换。人的声带具有不可复制性,坏了不会重新生长,因此它弥足珍贵。人人都希望自己拥有一副"金刚不坏"的好嗓子,但是从嗓音病逐渐上升的趋势和发声实践中出现的诸多问题来看,情况不容乐观。生活中普遍存在着不良的发声习惯。不规律的生活作息和不健康的饮食习惯等等也会影响和危害嗓音健康,特别是对于职业用声者来说,嗓子是他们劳动的工具,一旦出了问题,轻则影响职业形象,重则会直接影响到生活的质量和工作的效率,甚至危及职业生涯。因此掌握一套科学练声、用声的方法,对于职业用声者来说是十分必要的。

从人的整个身体构成来说,声带貌似微不足道,但是它在整个发声过程中起着四两拨千斤的作用。它支配着人的整个发声过程,我们要格外珍惜,科学合理地使用它、养护它。在发声训练学习和实践应用时,注意采用恰当的方式、方法和训练手段,避免让它受到损伤。以哼鸣练习为主配合一些其他发声练习,可以帮助我们树立科学用嗓的理念,它也是声乐界经常运用的声音练习法。用它可以很好地找到声音的高位置,同时解除喉肌的紧张和疲劳,是较为理想的声音训练方法,平时一定要勤加练习,才能取得良好的哼鸣效果,增强发声技能,降低嗓音疾病发病率,起到嗓音保健的作用。

4. 有关共鸣的问题

共鸣,是声场中的某振动体因受到与本振动体固有频率相等或接近的声波感应时振幅急骤增大,同时振动发声的一种自然连锁性的发音现象。共鸣器一般都是可以使原发音体的发音得到加强和扩大的器皿式物体或空腔。生活中的共鸣现象随处可见,凡是充满空气的地方都有产生共鸣的可能。人最初产生的嗓音称为喉原音,它本身的音量非常微弱,既打不响也传不远,也无法改变其音色,它必须要经过共鸣器官的扩大和润化后,才能使音量成倍地扩大、音色才能更加饱满和丰富。一个人的发声器官是自然天成、无法改变的,但共鸣器官是可以调节的。可以这样说,一个人对共鸣器官调节能力的大小决定了其发声技术的高低,它是提高发声质量的一个重要环节和声音训练必须要掌握的能力。共鸣是发声过程呼吸、振动、吐字之后的集大成者,只有通过它才能形成发音的整体感觉。人类发音的共鸣腔体主要有口腔、鼻腔、咽腔、喉腔、胸腔和头腔的"窦"等。不过要想获得并利用胸腔和头腔的共鸣是不容易的,必须在口腔、鼻腔、咽腔先造成强有力的共鸣、把声音扩大到一定程度才行,所以锻炼口腔和鼻腔共鸣是最基本的技术要求。

人类共鸣腔体的划分一般以软腭为界。软腭以上包括鼻腔、额窦等,叫"上部共鸣",这部分共鸣腔形体不变,体积固定,又称为"不可变共鸣腔"。软腭以下包括口腔、咽腔、喉腔和胸腔,叫"下部共鸣",这部分共鸣腔与语言的关系尤为密切和直接,其形状和容积可以在大脑的支配下受一些器官的牵动而随意地调节变化,因此又叫"可变共鸣腔"。

口腔在喉头的上部前方,是人类最主要、最复杂的腔体,它既是共鸣器官同时又担负着咬字器官的职能,被形象地喻为人类语言的制造场。口腔里的唇、舌、齿、腭、颊等部位的不同作用都可以制造出各不相同的字音来,所以口腔在语言发音中的作用是举足轻重的。

口腔分为上、下两个部分,分别称之为上腭和下腭。上腭不能活动,下腭可以移动。上腭自前而后排列着上唇、上齿(上门牙)、上齿龈(上牙床)、硬腭、软腭和小舌。

硬腭是上齿龈往里、口腔上壁的坚硬部分。它又可进一步分为前腭、中腭、后腭。言语发音以前腭为要,我们平常所说的"硬腭"指的就是前腭。硬腭与舌叶部位成阻可构成辅音音素 j、q、x。软腭是与后硬腭毗连、硬腭后面的柔软部分,可以上下活动。它与静止时的舌头根部(舌面后部)相对应。软腭与舌根成阻会形成 g、k、h、ng 等辅音音素。软腭再往后所连接的尖端肉坠儿叫"小舌"。它有很强的依附性,只能随着软腭的升降活动。下腭从前往后数有下唇、下齿和舌头。

　　舌头是人类众多发音器官中最积极、最主动、最灵活的。它可以前伸或后缩，可以抬高或压低，可以平放或翘卷，在口腔内调节成不同态势，直接影响着音素的发出，是形成有声语言的物质材料。舌头又可以进一步分为舌尖、舌叶、舌面和舌根。舌头的尖端是舌尖，舌尖自然平伸时稍往后一点与静止时的上齿龈相对的部位是舌叶。语音理论认为，舌尖前辅音 z、c、s 就是舌叶与上齿背阻气形成的。舌面并非指整个舌头的表面，发音理论上的概念只是狭义地将其限定为舌叶往后的一段，其部位大致与静止时软腭与硬腭的接合线对应，辅音音素 j、q、x 的发音就有"舌面"部位的参与。舌面再往里便到了舌头的根部（实际上是舌面的后部）。

　　舌根的后面是坚挺的咽壁。发元音时舌根是松弛的，发辅音 g、k、h、ng 时舌根上抬与软腭阻气。位于口腔后面的咽腔是前后略扁的漏斗状肌管，也叫"咽头"，它仿佛一个"丁"字路口，后壁附于后脊柱（即咽壁），前通口腔，上接鼻腔，下连喉头和食管。咽腔自上而下分为三段，软腭以上接近鼻腔的部分叫"鼻咽腔"，中段前通口腔的部分叫"口咽腔"，下边与喉腔相连的部分叫"喉咽腔"。软腭和小舌的升降可以切断或放开口咽腔至鼻咽腔的通道。气息和声波自肺部经喉涌入咽部，面临多元走向，起码有以下两种抉择和延伸：要么只平直前冲口腔（关闭鼻腔），流出；要么冲到口腔遇阻后又回冲鼻腔自鼻泄出。因此可以认为，咽部是口、鼻音形成的分野处和关节点。咽腔是声波必经之路，是人体发声系统的一个重要共鸣交通区，对声音的扩大乃至修饰和美化都起相当大的作用。除鼻咽腔外，咽壁通过肌肉的收缩可以改变咽管的粗细和壁面的坚度。口咽腔对语言发声的作用更加显著，掌握咽腔共鸣的控制对于高音歌唱演员就更重要了。

　　鼻腔是个容积较大的固定腔体，属不可变共鸣腔。鼻腔由竖直的鼻中隔分为左右对称的两部分，底部是硬腭，表皮是坚硬的鼻甲，前方有两个鼻孔与外界相通，后面向下伸入鼻咽腔。鼻腔覆被着黏膜，并有丰富的血管构成鼻甲海绵体丛。鼻腔的共鸣是由"鼻窦"实现的。鼻窦是由鼻腔向周围骨质膨出的含气骨腔，包括额窦、蝶窦、上颌窦、筛窦等，它们各有小小的孔口与鼻腔相连通。发超高音时,这些小窦起共鸣作用,使发声者的头部有振动感。这些小窦空间不大、振动方式不是典型的空气振动,主要是借助于骨传导引起的骨质振动。头腔共鸣就是利用喉、咽、口腔的共振,经过头骨的传导引起几个窦体的共振来强化声音的。这几个小窦的共振就是人们常说的"头腔共鸣"。发高、窄元音比起发宽、低元音来,这种头腔"窦"的振动共鸣更为显著,因为发 i、u、ü 时,口腔窄、声位高,声波在口腔不是那么容易地就能发出口外,要比发宽元音的气流送得慢些,这时腭部被鼓动的力量也相应地增强,因而可使颅骨受到强烈的振动。发宽低元音 a、o、e 时气流则很容易从口腔辐射出去,所以颅骨振动的力量也就相对地弱些。这些都告诉我们:找上部"窦"的共鸣,以高元音 i、u、ü 做素材为好。鼻腔位于口腔的上部,鼻腔下底部的硬腭如同一块天花板,天然地将口腔与鼻腔割接成小"阁楼"的一层和二层。一、二层楼之间的联系由一扇活动的小门儿控制,这便是可以挺直或垂下的小舌。小舌在英语发音中几乎不起什么作用,但在汉语言里它却随软腭的升降实现口咽腔与鼻咽腔的切断与对接、决定着口音和鼻音的性质。

当软腭牵带小舌向后平挺抵住后咽壁时,就关闭了进入鼻腔的通路,从肺部呼出的气流和音波只能从口腔流出,这样发出的声音是纯口音。不论是单元音还是复元音都是这样的口音。当软腭牵带小舌放松垂下,口腔内某两个发音部位又完全阻塞时,就切断了口腔的通路,一部分气流和音波经咽腔径直上冲鼻腔,另一部分到达口腔受阻后又转而折回到咽腔,与冲入鼻腔的气息合流,一块从鼻腔流出,这样发出的声音是纯鼻音。鼻辅音音素只有 3 个,它们是双唇阻气的 m、舌尖与上齿龈阻气的 n、舌根与软腭阻气的 ng。如果软腭牵带小舌自然悬浮在空中,不靠舌根也不贴后咽壁,咽头的上、前、下三路皆通,从肺部呼出的气息在咽部分流,分别从口腔和鼻腔流出,这样发出的声音既有口音成分又有鼻音色彩,叫"口鼻音"或"鼻化元音"。鼻化元音用符号"~"表示,加在元音的上方。如:元音 a 鼻化后,可标示为 ã。普通话里没有单独存在的鼻化元音现象,只是鼻韵母中鼻韵尾的发音状态与之相像。有的方言区的人发不好 n 和 l,原因就在于不能自觉地控制软腭与小舌的升降活动。

喉室是音波形成后的第一个共鸣腔体,容积虽小,对声音质量却不可低估。如果压迫喉器,喉腔被挤扁,原始的共鸣得不到充分的发挥和展示,就会导致声音发横,像是被"锁"在里边,从而丧失一部分应有的泛音。因此,放松喉头对充分发挥喉腔共鸣的作用是至关重要的。喉头可以在一定幅度内降低或升高。降低时,声道拉长,有利于低泛音共鸣;升高时,声道变短,有利于高泛音共鸣。但喉头频繁地上下活动,容易使喉肌疲劳,白白地消耗能量,所以发音时喉部位置应当保持相对稳定。还应指出:喉腔基本上是由软骨组织构成的,在软共鸣腔体中发声,声音首先被吸收一部分,又因喉腔较小,不能对它的共鸣作用期望太高,只要能提供优质的初(首)期共鸣,目的就达到了。

胸腔共鸣,又叫"低音共鸣"或"下部共鸣"。它属于可调性共鸣腔,没有固定的容积和形状。通过调节可以使音量增大或缩小,它是中低声部歌唱家主要运用的腔体共鸣。人体发声共鸣腔体的运用应当是各共鸣腔的联合运用,仅凭哪一个共鸣腔体单兵作战其能量都是有限的。人的声音大致分为高、中、低三个声区,不同声区使用的共鸣腔也不一样。

低音使用的是胸腔声区,以胸腔共鸣为主,口腔次之,头腔更次;中音是混声区,共鸣以口咽腔为主,头腔次之,胸腔更次;发高音时是头声区,以头腔为主的共鸣区,口咽腔次之,胸腔更次。声区不同,所侧重的共鸣腔体比例也不一样,每个声区要同时混合使用几个共鸣腔体才能将声音统一起来,达到使声音饱满、浑厚、圆润、贯通的效果,这就是声音"腔圆"的要求。

六、言语发声共鸣的特点

言语发声区别于歌唱发声,它主要指的是讲话发声,所运用的共鸣以口腔共鸣,即中部共鸣为主,以胸腔共鸣,也就是下部共鸣为基础的声道共鸣。人的声道类似一个喇叭形状或接近吹风机的装置形态,是一个类似于直角的弯管道,是由管子、阀门和腔体组成的空气装置。气管可以看做管子,嘴唇、舌头、软腭和声带是阀门,因为它们起到随时关闭声道的作用。腔体有喉腔、咽腔、口腔、鼻腔、胸腔等。喉头是整个空气装置里面的可以上下活动的"活塞",喉内的声带是第一道"阀门",它可以振动发声,也可以不振动发声而只控制气息的流速和流量。喉的上面是咽腔、口腔、鼻腔,分别由软腭、舌体、双唇三道阀门控制,使三个腔体互通有无,上下、里外都通着气儿,形成网络共振体系,进行协同、立体、多层次的共鸣。

我们强调"声道"共鸣的目的就是为了说明言语发声动作的协同性、交叉性、立体性。

1. 特点一:以口腔共鸣为主

人类的一切语言都是在口腔这个工场制造的。"说"的艺术,如播音主持、配音、话剧、相声、朗诵、演讲等,最基本的要求是准确、清晰,口腔共鸣效应在这些艺术门类里也就当然成为第一位的了。喉腔、咽腔、鼻腔和胸腔共鸣都必须建立在良好的口腔共鸣基础上。口腔共鸣又叫"中部共鸣",如果能出色地运用它,字音的清晰圆润、音色的明亮饱满才有保障。

2. 特点二:善于运用胸腔共鸣

胸腔共鸣属于"下部共鸣",含有许多泛音,在发声中用得好可使声音结实、浑厚、宏亮、有力,使音量扩大。日常的播音主持语言多是在自然声区发声,这就需要建立胸腔共鸣这个坚实的"底座",有了这个"底座"共鸣的支撑才不至于使声音发飘、发虚。男声播音员需有较充分的胸实声,高音类型的男声尤应重视获取这种胸腔共鸣的色彩。女声中高音者偏多,胸腔共鸣的缺口更大,更应重点找寻和锻炼这个薄弱环节。当然,胸腔共鸣的运用也需适量,不可没有,也不可过多,要避免声音的沉闷和字音的混浊。

3. 特点三:泛音共鸣适量,保证吐字清晰

精确发音时有泛音共鸣固然好,但在艺术语言里却不是说越多越好。言语发声的共鸣与歌唱不同,尤其与美声唱法差异更大。美声唱法是极其强调共鸣美的,而言语发声中字音的清晰、精确是头等重要的。它所给予受众的主要不是声音的旋律而是语句的意义。只要让人们听清楚了,基本目的就达到了。在这个基础上加之适量的泛音共鸣的装饰和美化才不违背言语发声的原则。如果过

分地追求共鸣量,有可能造成"音包字"的现象,就如皮厚得让人一口咬不到饺子馅儿,充其量也只有层次丰满的声音外壳而全无清晰明确的内核——语义,这是语言艺术最忌讳的流弊。如果忽视了言语发声的特性,颠倒了声音与语义的关系,很容易陷入唯美主义的泥淖。

4. 特点四: 共鸣腔体的灵动

歌唱界有声部的划分,戏曲界有行当的指定,这主要因为它们在共鸣腔体的运用上各有特点,言语发声却没有这个必要。言语共鸣的运用灵活多变,幅度多在自然声区内调节。如果要单从音高上硬性给它界定一下,那它只能大致处在中音共鸣的范畴。在诸共鸣腔中,以口腔共鸣为主,同时辅以胸腔共鸣,还应略带些鼻腔共鸣的色彩,这是一个诸共鸣腔体的混合运用、综合控制的过程。这种混合共鸣中的诸共鸣成分不仅随音高的变化而变化,还要受稿件、台词的样式、内容、对象、场合等因素的制约,使音色随着需要而变化。以播音为例,新闻报道和较严肃郑重的内容,胸声就得用得多些; 知识性稿件、少儿节目、轻松活泼的内容,胸声成分就不宜过多。即使是同一篇稿件,也需根据情节的脉络和情感的抒发,灵活地调节各类共鸣的比例。

因此,可以说言语发声所要求的共鸣,比起歌唱发声来更全面、更灵活一些。做共鸣控制训练时,脊柱要直而舒展,保持咽管的畅通,要体现出积极的精神状态,并加强声波的反射力;胸部应放松,气不可吸得过满,感觉到声音仿佛是从胸部响点"透"出来的;适当打开后槽牙,取得较为丰富的口腔共鸣;在意念上感到从小腹拉出来的一个声束,有弹性地先垂直向上,经口咽部转而向前,沿着上腭的中纵线流动前冲,"挂"在硬腭前部,送出口外。

做哼鸣练习有以下几种训练方法。

训练一: 结合气息控制做哼鸣训练。练习者有以下感觉: A. 额窦振动的感觉。将手轻抚脑门,以增强这种意识的体验。这种训练做好了,会感到大脑这部"机器"里的许多元件都在震荡,骨传导和空气传导同时进行。B. 双唇吻合,有麻酥感。C. 后槽牙撑开,气息盈满口腔,在口腔内回旋激荡,作为额窦共鸣的呼应。

可做"│13│53│1—‖"和"│1—│3—│5—│3—│1—│1—‖"两种训练。

训练二：用较低的声音发"│a—│o—│e—│i—│u—│ü—│"六个母音，重点体会胸腔共鸣的逐渐加强，然后提高音量再发一遍这六个母音，体会胸腔共鸣的逐渐减弱、共鸣位置的逐渐上移。

训练三：体会上下贯通的共鸣。以自我感觉最舒服的音发好上述的六个母音状态，发音时用手轻抚胸骨处或两颊处会感到某些振动。

训练四：打开后槽牙，从容地发出复韵母 ai、ei、ao、ou，体会声束沿上腭中纵线前行"挂"在硬腭前部的感觉。

训练五：结合横膈肌的锻炼，发较短促的 ba、pa、da、ta、ga、ka 等音节，体会声束冲击硬腭前部的状态。

训练六：声音拔高。由最低音拔向最高音，发 a—i—u，体会共鸣状态的变化。

训练七：绕音。先由低至高地螺旋形向上发 a—i—u，然后再由高至低螺旋形向下发 a—i—u，以此锻炼呼吸器官、喉头和声带、共鸣腔体三部分的机制和功能。

5. 有关咬字吐字问题

（1）打开牙关指的是撑开双侧的后槽牙，使后槽牙始终保持向上提的态势，仿佛上下槽牙间含着弹性物一般而又保持着一定的距离。打开牙关的目的是丰富口腔的共鸣，将咬字位置调整得适中有力，使字音在口腔里能"站起来"。

牙关的运动直接关系到口腔开度及容积的大小，在吐字过程中起如下作用：

影响口腔的泛音量。牙关开度与泛音量成正比，直接影响元音的第一共振峰。发不同元音的不同口腔开合度的比例关系全靠牙关控制。略大于生活语言的牙关开度是获取鲜明、饱满的元音音色的先决条件。

牙关是声束进入前口腔的必经通道。这个通道宽敞，声束才能顺畅地由此前行，从而较好地发挥口咽部的共鸣作用，声音也就通畅、响亮；如果通道狭窄，经咽腔扩大了的声音闷在口腔后部，声束还有可能上冲，产生不必要的鼻音。

牙关影响舌头的活动范围。为了使字音清晰圆润，要求舌头的活动区域比生活口语发音时加宽一些，这就必须将牙关打开，给舌头创造宽松适宜的环境。

牙关的打开也使得口腔前部的器官（如舌头、双唇）运动起来更加灵活有力。

（2）双唇处于口腔最前沿，犹如两扇大门把控着字音的出口。双唇的开闭、撮展对吐字有重要的影响。

发音时，双唇如果过分地向前噘出，等于在唇齿之间又给声道加了一道“咀”子，使声音带有 u 的色彩，字义会被闷实的共鸣裹挟掉一部分，容易形成“音包字”。只有使双唇收拢与齿相依，声音才会明朗透亮，字也容易发出口外。唇的收撮力强，可以使发出的声束集中。双唇是发音的最后一道大门，一定要兜得住、放得开、收得拢。汉语的语音特点使得双唇的作用更显突出。韵母的开、齐、合、撮主要就是视唇形的不同而分档的。开口呼，唇裂较宽，双唇松弛；齐齿呼，发音伊始唇即扁平，上唇几乎与上齿下缘平行，因而叫“齐齿”；合口呼发音时唇呈圆形，发 u 时前声腔大，口唇有合拢之感，叫“合口”；撮口呼发音唇形较圆，因发 ü 音时前声腔小，有撮唇感，因此叫“撮口”。韵母的开齐合撮之间有一定的对应关系。唇形不正确会导致字音的错出，影响字义，特别是撮口和齐齿之间舌位相近，只是唇形有别，需严格区分。另外，元音韵尾 i 和 u（o）也都与唇形有直接的关系。

（3）吐字的功力源于对咬字器官的灵活控制。欲使字音发得准确、优美，首先要重视对咬字器官的锻炼，讲究口腔内各器官的有机配合，创造一个良好的口腔环境。这是掌握吐字归音技巧的先决条件。打开口腔要求比平时说话的口腔开度更大一些。打开口腔并不等于说要一味地大张嘴。平时大张嘴时，口腔是“前大后小”的，实际上是前开后不开，而按照吐字的要求是前口腔和后口腔都需打开，呈“前后”型，上腭用力上抬，下颏放松。这个要求是通过“提颧肌、打牙关、挺软腭、松下巴”四个动作实现的。

提颧肌是提起上腭的前部动作。颧肌并不是嚼肌或笑肌。提动颧肌就是利用颧大肌和颧小肌、颊肌向外上方提的力量与上唇向中撮合力的相互对抗以实现对唇形的微细变化的控制。这时口腔前部有展宽的感觉，鼻孔也略有张开，同时使双唇尤其是上唇贴紧牙齿，唇不离齿、齿唇相依。我们可将这种状态概括为"口呈微笑状"。提动颧肌的目的在于获取清晰、明亮、有色彩的音色，唇齿相依使得双唇有了坚实的依托，活动起来更加灵便。颧肌属于表情肌的一种，颧肌的上提必然使面部呈微笑状，锻炼时可用"微笑"的动作和感觉去体会这种状态。但这种微笑状与生活中因高兴而引发的微笑还有区别。前者只是咬字时面部的一个动作，后者是心理状态的反应。提动颧肌关系到唇形状态。

（4）挺软腭是提起上腭的后部动作。在不说话时软腭是向下自然垂着的，用舌尖后舔可感觉到它的塌软，即使是说话时也很少有人意识到它的提起和放下。艺术语言发声时由于声音和咬字的需要就得将它"挺"起来，使口腔后部呈倒置的桃形。软腭的挺起一方面加大了后口腔的空间区域，另一方面鼻腔的入口变小了，口腔入口撑大了，可以避免声音过多地冲入鼻腔，减轻鼻化音的现象。挺软腭可用夸张的吸气和"半打呵欠"的方法来体会。软腭在这时一般都是挺起来的，保持住这样的状态去发音就可能获得不同寻常的声音效果。用后口腔开度较大的字来带动其他音节的发出也会收到比较理想的效果。

（5）由于生理上的原因，下巴在打开口腔方面比起上腭起的作用更大一些。下巴只要放松了，口腔就可以明显地打开了。咬字的力量主要在上腭，下巴处在"从动"状态。下巴内收才能放松，用"牙疼时说话"的感觉来体会这种放松的状态效果很好，因为牙疼时下巴是使不上劲的。发音时下巴不要主动去帮忙，这样只会帮倒忙，不然舌根和咽部紧张，字音卡在口里不容易出来。

（6）声音集中首先靠的是咬字器官的集中，又主要体现在唇、舌力量的集中上。唇的力量要集中在上唇中央三分之一段，目的是保持唇的较强收撮力，使之弹动轻快、出字有力。舌的力量集中表现在两个方面：①将力量集中在舌体的前后中纵线上。②发音时舌体取收势，这是在打开口腔的前提下，舌头能够有力而又灵活地运转构字的保障。吐字时舌与唇是不间断地滑动的，打开口腔后，舌的滑动幅度会相应加大，上挺力也会显著增强，唇也自然而然地增加收撮以配合之。口腔的这种"后开前有力"的状态符合吐字归音的基本要求。

（7）字音的发出有既定的路线，应呈流线型。我们要求字音沿着上腭的中纵线"挂"在硬腭前部，而不是从下巴"铲"出来的。这是一种感觉和体验，声音只有沿着这条路线被气流推进到前腭，才会获得"音从上唇以上透出"的感觉，音色才会集中明亮，而不呈放射状。

总之，咬字器官的各部位在发音过程中要相互配合、协同动作。任何一个部位的活动都不是孤军作战，它必须得到其他部位肌肉的响应与配合，连锁互动方能完成。比如，"打开口腔"，就不能喊着口令"一、二、三、四"地先提动颧肌，然后打开牙关，接下来挺起软腭，最后放松下巴。在实际发声过程中，要把各个动作统一协调起来，不要分离割裂开来。发声的过程要建立整体感觉，通观全局地注意各个动作的联动协调性，做到张嘴类似打哈欠，闭口好似啃苹果；提颧骨，挺上腭，松下巴；唇齿有力、舌体灵活；归韵收音、声情并茂。

6. 有关吐字归音问题

（1）所谓"吐字归音"就是汉语音节（汉字）的发声法则，即"出字"和"收音"的技巧。它植源于传统戏曲、相声、单弦、大鼓词等说唱艺术。演员前辈长期的发声实践证明：吐字归音技巧的应用可以大大增强语言的艺术性，收到字正腔圆、光彩照人的美学效应，沿用至今仍可以作为语言艺术工作者字音训练不可或缺的手段之一。汉语的字是意义与感情的载体，言语者只有通过吐字这一环节才能完成传情达意的任务。汉语言是以汉字为基本结构单位的，元音和辅音的训练固然有效，但却有限，它们仅仅是完成了言语交流的第一道工序，紧接下来的便是吐字。辅音训练的目的也是以准确、完美的吐字为起点和归宿的。音节的发音就其本质来讲，是若干个元、辅音素的组合技巧。撇开字音只片面训练音素，充其量只能有漂亮的声音，不见得就一定有清晰的语义，而只注重音节的拼合不去锤炼元音、辅音，想试图走捷径，也只能离初衷越来越远。语言是一种理论，更是一种技巧，理论知识的学习、奏效靠"学"技巧的获得，需长期有恒的体验和锤炼。言语习得犹如春天小苗,不见其增,日有所长。只有锱积铢累,方能日日见新,天天有获,从而构筑起坚固的语言大厦。一般来说,学习普通话语音须经这样三个台阶:苦练元辅音,犹如盖房中的制砖、备料;巧练音节(字),犹如垒墙、上顶;勤用语段句,犹如装潢、修饰。可见,元辅音与吐字归音的有机结合、同步训练,方能相得益彰,彼此竞进,也才能迈向第三阶梯。

(2)"字正腔圆",这是人们衡量语言艺术工作者吐字发声最基本的标准。所谓"字正"应当包括字准、字真、字纯三个方面。"腔圆"指的是声音运用得集中、圆润、灵活、自如。具体可以概括为准确、清晰、集中、圆润、流畅。

准确是"说"的艺术语言的最低标准,或者说是入门标准,是必须做到的。准确就是按照标准的汉语普通话语音规律约束、匡正自己的吐字归音。字准,要求对字音的组成部分有比较详细的了解及准确的发音,还必须符合发音规律本身的各种正确的发声要求,音素要准,字调也要准,它包括矫正方言音、排除杂音、杜绝错别字等方面的内容。

清晰即"字真"。字音准了,不见得就能做到"真",因为汉语的字(音节)还有个如何衔接、如何表达的技巧。这也就是说字的头、腹、尾不仅要分得明,还要连得好、听得清,使之既符合声响学的要求,又有一套与之配套的比较全面的表达方式和技巧,这是言语发声的又一必备条件。一个优秀的语言艺术家,音质不一定十分动听,但吐字必定是十分清楚、丝丝入扣的。反过来,无论声音多么动听,倘若口齿不清,那是称不上"艺术"的。如果你的语言创作将听众的注意力吸引到欣赏你的声音外壳上了,分散了对播讲、表达内容的理解,那就误入旁门左道了。

声音集中是一种审美要求。声音集中了才能圆润,才能颗粒殷实,才容易获得较为丰富的泛音共鸣,才悦耳、动听。相反,就降低了字音的清晰度,从发声效率上讲也是不经济的。许多艺术语言都是通过话筒及一系列电声设备发射出去的。无论在话筒前播音主持、解说还是配音,都无须用过大的音量。较小、较自然的音量有时也可以收到极佳的效果,甚至比大音量的表达效果还好。这种弱控制的发音没有集中的声束做保证,没有"珠走玉盘"的语言功力是不可能实现的。圆润是指在一个字的发声过程中,头、腹、尾之间过渡、衔接时所表现出的自如性和润滑度,是在头、腹、尾合理布局的基础上音响共鸣的要求,标准是甜、脆、圆、润、水。

语言的流畅性是一切艺术语言都必须讲究的,忽视了语言的流贯畅达,仅仅将力量放在某一个音节上,只知道"绷"字,将字音咬得过死,就会给人以明显的雕琢痕迹,使得语言垒块斑斑、艰涩难行。总的说来,吐字归音的最高境界应该如下:颗粒饱满,光泽晶莹,轻快连贯,如珠如流,字字皆入听者之耳,字字滋润听者之心,说者轻松自如,听者愉悦欣然。

(3)"吐字有力,归音到位"是吐字归音的基本要求。要做到这一点,必须对汉语音节的音素拼成有正确的认识,真正弄清普通话的声母、韵母和字头、字腹、字尾之间的关系。在吐字过程中,对于字头、字腹、字尾的处理可分别概括为"出字""立字""归音"六个字。出字是对字头的处理,基本要求:叼住弹出。字头:"汉字之头、汉字之帅也"。对字头的处理关系到全字的质量,讲究的是部位准确,弹发要有力。"字正"首先要保证字头发音部位和发音方法的准确无误,还要体现出一定的力量动型,阻气、蓄气、气息的压力都需合度,尤其不能拖泥带水、黏黏糊糊。过去艺人们常说:"咬字千斤重,听者自动容",十分讲究"喷口"的功夫。"喷口"是戏曲界用来说明发"字头"时"口劲儿"的术语,字头的出音有力才能使整个字音打得响、传得远。

戏剧舞台上有一种带"髯口"的角色,如果"喷"得好,在发带有送气辅音的字头时就可以吹动"髯口"产生波纹,也就证明了演员嘴上有功夫。"喷口"还不仅仅限于送气辅音的字头,任何字头都有个"喷口"的问题,都必须嘴上用力,只是送气辅音的字头更加明显一些罢了。

出字要叼住弹出:"叼住"和"弹出"是两个概念。叼住,是指声母的成阻与持阻阶段而言的,也就是"咬字"的阶段。A.叼字须有一定的力度。成阻时,有关部位双方的肌肉相当紧张,阻气要有力,要超过生活语言的发声强度。B.叼字的力量要集中在有关部位的纵中部,而不是满口用力。C. 声母的唇形要合适,特别是"齐、合、撮"三呼,开口度小,如果不配以相应宽度的唇形就很难"叼"得住。D. 要叼得巧而不死。过紧则僵,过松则泄。打个比方:咬字如同大猫叼小猫那样的劲儿,既不能将小猫咬伤,也不能将小猫掉在地上。如果像猫咬耗子那样的劲,非把小猫咬死不可。所谓"弹出",指声母的除阻阶段而言,也叫"吐字"阶段。它的含义应当是:轻捷有力,如同弹丸弹出,不黏不滞,不拖不疲,不使拙劲。只有叼得住,才能弹得出,"叼"是"弹"的准备,"弹"是"叼"的延续。叼和弹只是一瞬间的事,长则容易形成"字疣"。字头的长短视其性质而定,塞音字头感觉最明显,也最短,擦音最长。尽管这样,都不能拖得过长,如果把"腔儿"使在字头上,就会破坏吐字的力量和字音的完整性。字头的长度最多只能占整个字音长度的约四分之一。京剧里有的拖腔把字头处理得过长,几乎占到整个字音的一半,语言发声要是也这样拖就离生活太远了。京剧里有重腔轻字的倾向,而艺术语言必须以字为主。

对字尾处理的基本要求:趋向鲜明、到位弱收。普通话里的字尾,包括元音尾(以 i 或 u 收尾的)和辅音尾(以 n 或 ng 收尾的)两种。字尾在音节中虽然处在尾巴的位置上,但这并不是就其重要性而言的。写文章讲龙头凤尾,一个音节要是头重脚轻也站不稳当,况且字尾还有区别词义的功能,如果丢失了这一段尾巴就会引起整个字音的倾斜和走样儿。发音最容易犯的毛病之一是不归音或归音不到位,形成欠缺的"半拉子"字。

字头、字腹、字尾是字音的三个组成部分,共同构成一个字音不可分割、有机联系的整体。其中的任何一部分运作不当都有可能影响到整个字音的成色。所以在吐字归音训练时必须建立起这三个部分之间的有机联系,合理布局,从字头滑到字腹再滑到字尾,形成"枣核儿"似的整体。虽然头、腹、尾之间是滑动过渡的,中间没有间歇,但是每一部分的特征必须要表现清楚,只有这样才能进入"字如珠玑"的境地。

(4)吐字归音的规范——"枣核儿"形。"枣核儿"形是说唱艺人对吐字过程形象化的描述。根据汉语的结构特点,各种形式的民间说唱艺术都要求一个音节的发音过程有头有尾,即头、腹、尾三者俱全,形成一个完整的形状,以求得"字润珠圆"的发声效果。它以叼住、弹出的字头为一端,以到位弱收的字尾为另一端,以拉开立起的字腹为核心,将三者接合起来正好成为一个两头小、中间大的"枣核儿"形状。它涉及音节各部分口腔的开合度及所占时值的短长。"枣核儿"形,必须得到气息的支撑。也就是说,吐字时嘴里有充满气息的感觉,字音才能结实、有光泽,否则,嘴虽然张开了,缺乏气息的支持,字音也不会饱满圆润。这里"字头取气"起着关键的作用。强调"枣核儿"形,并不等于说将一个字音分解开来,依次读出它的各个要素。"枣核儿"形是一个整体,是在口腔各部分不断滑动的过程中完成的,在这个过程中包含了无限量的音素,不是由头跃到腹再跳到尾,而是整个字音都要呈现出滑动感、整体感。如果让人听出了字音"肢解"的痕迹,"则沾泥带水,有不如无矣"。

（5）歌唱和说的艺术语言在吐字方面是有区别的。"吐字归音"理论本来就是建立在"唱"的基础上的。唱有旋律,严格按曲谱进行,拖腔较多、较长,有时一个字要拖上几拍、十几拍,不能更动,单位时间内唱出的音节数比起说话更是少得多。而"说"的语言,比如播音主持,基本上是按生活语言的节奏比较自由地行进的,平均每分钟要播 200 多个音节,比"唱"的速度快得多。因此在吐字时把"唱"的吐字法全盘移植过来是不足取的。

"唱"在吐字方面的夸张性大。"唱"的咬字吐字力度强,讲究"喷口",字腹的开度尽量拉宽,尽可能地追求亮度,曲艺艺人有"嘴里竖着个鸡蛋"的说法。归音时也比生活语言紧而全,以保证在行腔时字音清晰。"说"的语言,如播音主持却不允许如此夸张,夸张过度会产生副作用,不自然也不流畅。播音主持语言以电声设备为传导手段,"喷口"过强会使话筒产生杂音,"噗"话筒。口腔开度过大也会影响到声音的灵活掌控,口齿反而显得笨拙,同时也增加了归音移位的可能性。

"唱"的音节长,拖腔多,在字腹上行腔、延长,在行腔中还允许口腔开合有适度变化，如同"鹤膝蜂腰，颠落摆宕"。播音主持语言控制字的长短主要体现在口腔里舌头滑动的快慢、动程的长短上。如果是最短的音节，复韵母有时可能变成单韵母，鼻韵母可能变成元音鼻化，有时还会丢失腹、尾，只剩下字头，这都是语言在行腔中正常的"音变"现象，如果要求播音主持语言将每一个音节的字腹拉长，势必形成一种机械呆板的"唱调"，有碍正确表达。

"唱"的母音自口咽部出，便于高音的大幅度升降并取得充分的共鸣。林俊卿在《歌唱发音的科学基础》中说："口咽是歌唱家的嘴，任何母音须由咽腔主动唱出。"顾旭光在谈到戏剧大师梅兰芳时说："声音成功的秘诀之一，就是靠上腭和咽腔字的声音。"但是其他一切艺术语言是绝对不能这样效仿的，艺术语言的发音位置虽然不似生活语言那样前置，但必须立足于生活语言这块土壤，所有的字音必须落实在口腔的中纵部。有的歌唱演员把歌唱状态的职业习惯用于说话，吐字不清，含混闷塞，原因概出于此。"枣核儿"形是吐字归音的基本模式，是发音规范化的必需过程。但是语言是行进的、流动的，我们无法也不可能要求每个字音的发出个个都如"核儿"。随着音节的疏密、情感的变化体现出字的"活"核儿来才算正确理解和把握了"枣核儿"形的精髓和真谛。艺术语言的特点是一板多字，很少一字一板，更没有一字多板的拖腔使调。音节疏密相间、轻重缓急是构成语言节奏的重要内容。一个音节的发音时间仅仅是三分之一秒，甚至更短，加上情感表达的需要，做到字字如核儿也是不现实的。较重、较长的音节"枣核儿"形可能表现得充分一些，较轻、较短音节的完整性肯定会差一点，不应该要求这些轻短音节也都发成"枣核儿"形。一般地讲，昂扬庄重的内容往往要求吐字颗粒饱满、收束麻利干净；柔和抒情的内容则可以把"枣核儿"形拉长抻扁，有时甚至可以"余音袅袅，不绝如缕"。个中变化细致入微，口中须有功夫才能控制得宜。总之，"枣核儿"形在单字训练阶段是一种积极有效的手段，在语句表达时，倘若仍旧板板眼眼、字字如核儿，又会产生副作用，助长"一字一板"的呆腔拖调，必须根据内容、形式、对象等的不同要求灵活运用，不能机械地套用。

第五章

教师嗓音矫治

05

第一节　发声矫治概述

嗓音疾病的种类繁多,致病原因也多种多样,嗓音的障碍多是以发声方式不当为主要诱因,在有病菌感染、炎症,用声疲劳、过度,加之情志不畅,精神刺激等心理障碍的作用下发展而来,由最初可逆的发声障碍演变为部分可逆或不可逆的发声系统器质性病变。嗓音疾病的治疗方法有手术治疗、嗓音矫治、物理治疗、药物治疗和中医中药疗法等。在嗓音病中有些是喉部的局部病变,有些是由于全身性疾病导致的喉部嗓音障碍,有些是参与发声运动的各个部分的不协调动作导致的嗓音病。许多嗓音医师和研究人员在临床实验和调查问卷中发现,嗓音疾病单纯依靠手术治疗,很难达到精细和根除病因的治疗目的。"声病还需声来治",特别是对于前面提到的由于发声不当造成的嗓音障碍,通过调整病人的呼吸、共鸣等因素能达到控制诱因、消除病因的治疗目的,可与外科手术一起双管齐下控制病因,巩固治疗效果。

人类的发声运动,在自然状态下,参与发声的各个器官如呼吸器官、共鸣器官、振动器官、咬字吐字器官等,它们之间始终保持一种均衡、协调的关系。在这一运动中如果某一部分运动过度,破坏了这种平衡性,就会引起发声上的紊乱,致使器质性的改变,会导致声带小结、息肉等嗓音病变。如果靠药物或者手术治疗,只能消除器质上的病变,声带的边缘可以恢复变得光滑,但是发声不协调的现象不会发生改变。嗓音矫治就是根据引起嗓音障碍的不同诱因,通过嗓音评估,呼吸、共鸣、发声的调控训练和心理干预等措施纠正原有的嗓音状态,重塑构建新的发声状态,以提高发声质量,满足日常工作、学习和人际交流的正常言语沟通的需要。

第二节 发声矫治的原则

根据不同嗓音障碍的不同诱因,可以制定出不同的发声矫治的方法。总体原则是强则弱之,弱则强之,即对一些喉功能性过度的嗓音病人,要采用松弛疗法,如哈欠疗法、哼鸣咀嚼疗法等;对于喉功能过弱的病人,比如喉肌弱症,声带的张力不够,闭合无力等情况就要加强喉功能,可以采用振拳疗法(或称推拳疗法)等。在下面有关章节里会做详细介绍,发声矫治的原则总结起来有以下几点。

一、个性化原则

随着人们生活质量和医疗水平的提高,人们对嗓音的质量要求也越来越高。嗓音障碍的诱因有许多,嗓音病的类型也较为复杂,例如:有功能性过强性嗓音疾病、功能性过弱性嗓音疾病、声带术前后的嗓音病、声调异常(例如:男生女调、女生男调)、共鸣异常等。在发声矫治上应遵循不同个体的不同病因采取针对性的矫治训练,如放松训练(哈欠疗法等)、呼吸训练、发音训练、共鸣和强化训练(如振拳疗法)。在声音矫治的过程中,由于每个患者的家庭环境、受教育程度、职业、年龄、性格等不同,要制订针对性的治疗方案,积极与患者进行良好的沟通,了解患者的心理状态,努力争取患者的配合,根据不同患者的用声要求制订有效的治疗方式。从一般意义上来讲,根据用声频率和程度的不同,可以把嗓音的使用状况分为职业嗓音和非职业嗓音两大类,职业嗓音中由高到低又可分为几个等级:

1级:艺术嗓音表演者,包括歌唱演员、歌手、播音员、主持人、话剧演员等。这一类人群对嗓音的质量要求较高,所以即使出现轻度的嗓音问题也会影响其职业的发展,严重的会危及到职业生涯。

2 级：职业嗓音工作者，包括教师、演讲者、导游、医生、各类营销人员、电话客服人员等等。一般中度的嗓音障碍会导致这些人员难以维持日常工作，危及职业生涯。

3 级：职业非嗓音工作者，包括商场售货员、餐馆服务员、律师等。如果这些人员有轻度或中度的嗓音障碍，至多给工作带来一些不便，并不会危及职业生涯。

4 级：非职业嗓音工作者，如工人、农民、装卸工等等体力劳动者。他们对嗓音的质量要求不高，只要能满足日常的言语交流需要就可以了，即便他们得了较严重的嗓音疾病，也不会影响到工作，至多给日常生活带来不便。

在做发声治疗过程中应该根据不同的职业要求，对嗓音的发声质量和状态有不同的要求。对于 1 级人员，训练的标准要高，发声质量要力求完美，话声和歌声都要把嗓音上存在的障碍消除干净；对于 2 级人员，要力求嗓音能恢复如初，并在发声状态上能有较好的改善；对于 3 级人员，治疗原则以改善为主，不影响日常工作和言语沟通即可；对于 4 级人员，治疗的原则以能满足日常言语交流即可。

总之，在做发声矫治的过程中，要根据患者的个性化特点，采取不同的训练手段，提出不同的训练要求，不要只从医者个人的主观意愿出发，一意孤行，那样的话结果往往事与愿违。

二、综合性原则

嗓音疾病的致病因素有许多，人是各个器官、各个系统组成的有机统一体，我们的某个组成部分出了问题都有可能引起嗓音问题。比如人的内分泌系统、神经系统、消化系统等等都与我们的嗓音问题息息相关，还比如人的心理性因素、一些关节的炎症、喉部的外伤等等也会引起嗓音的病变，因此我们在分析嗓音问题时，一定要从整体、宏观的角度分析情况，找出病因，对症治疗。下面分析几种影响嗓音疾病的因素：

1. 第一种：反流性咽喉炎

在嗓音病调查过程中，研究人员发现，有多数的嗓音疾病与反流性咽喉炎有关。多数患者有晚上睡前进餐的"吃夜宵"的习惯，睡前进餐，吃到胃内的食物得不到充分的消化吸收，经食管反流至喉部，反流物中的胃酸、胃蛋白酶或者其他消化液成分会对声带黏膜上皮组织产生刺激性作用，引起一系列咽喉部位的不适感，反流物质很容易损伤喉部的黏膜，进而殃及声带的黏膜组织。

2. 第二种：内分泌失调

内分泌失调的第一种情况为青少年变声期假声。这是青春期由于第二性征的出现、声带出现增厚和增宽的现象。喉镜下观察声带红肿和充血并伴有分泌物，有时候由于声带的变长，致使闭合时会出现声门后端闭合不全的变声三角，在声音上出现声调变低，发声易疲劳的现象。青春期假声多发生于男孩，有些男孩子为了躲避变声期的声调变低现象，保持童声，有意逃避变声，习惯用假声发声而造成男声女调。像这种情况完全可以通过发声矫治使声音得以恢复正常。内分泌失调的第二种情况是由于喉肌功能失调导致的声音嘶哑，患者主述为音域变窄，喉咙易疲劳，咽喉部有异物感。对于此种情况，一方面要进行积极的心理疏导，调整呼吸的方式，进行正确的腹式呼吸或者是胸腹联合呼吸；另一方面要采用喉部按摩法，松开舌骨和甲状软骨之间的缝隙，以缓解喉部的紧张度，松开喉头，避免挤压发声。同时要按压喉头，帮助患者找到胸腔的共鸣。内分泌失调的第三种情况出现在女性的生理期和妊娠期。此时由于雌性激素、孕激素的变化，会使声带出现充血和红肿的现象，在发声上出现易疲劳、发声滞重或者声音嘶哑的情况。有些更年期的女性由于绝经后雌性激素下降，雄性激素相对增多也会出现嗓音上的障碍，在声音上会出现音调变低的近似男性的老年喉现象。此外，还有一种情况也会导致嗓音的变化，如人的甲状腺激素、垂体的功能及肾上腺皮质功能的不全、功能亢进，会致使患者声音嘶哑、音调改变、发声易疲劳。

3. 第三种：神经性嗓音疾病

比如帕金森病、重症肌无力症等等都会对发声功能产生一定影响，会造成发声的失调,在声音上出现嘶哑,发声易疲劳等症状。

　　另外像心理源因素也会导致嗓音障碍。研究人员发现这类情况多发生在女性身上,笔者曾遇到过几例这样的患者,患者能够进行正常的咳嗽、哈哈大笑、清嗓子等正常的发声,但让其发声时却张嘴难于发出声音。此时可与患者进行心理沟通,一方面打消惧怕发声的疑虑;另一方面可采用喉部按摩缓解喉部的紧张,关闭患者耳朵的主观听路,让其大声发音,在临床上往往会收到良好的成效。另外一些关节炎症和外伤导致的嗓音疾病在此不再一一赘述。

第三节　发声矫治的方法

在我国嗓音医学中，将发声矫治（发音训练）用于嗓音疾病治疗的历史还不长，算是一个较新的课题。这个课题需要嗓音医生和嗓音治疗师（语言病理师）共同完成。对于嗓音治疗师的选择要有严格的要求，他（她）要具备正确的声音示范能力，在声音概念上要有清晰的认识，不能误导患者。嗓音治疗师在对患者进行发声矫治的同时可以配合药物治疗（内服或外用）和心理疏导。进行发声矫治的目的，第一是嗓音病人声带术前或术后的发声训练，主要是预防嗓音病的复发；第二是用于声带术后的声带康复；第三是降低患者原先的嗓音障碍，提高日后讲话的质量。发声矫治是一个较漫长的过程，患者原先的声音概念和发声习惯很难在短期内得到纠正，这就需要嗓音治疗师和患者形成良好的沟通，取得患者的配合，积极训练，才能达到预期的效果。在发声矫治过程中由于不同患者的接受能力不同，达到的效果也不同，甚至有些患者在治疗后嗓音质量并没有得到较大的改善。

从一般意义上来讲，发声治疗主要包括嗓音保健、发声教育和发声训练三大部分。嗓音保健是核心，发声教育是主要部分，发声训练是关键。嗓音保健主要包括向患者讲述减少嗓音的滥用和误用等情况，日常生活饮食习惯以及性格、心理等方面的因素；发声教育是要让患者清楚嗓音的产生原理，产生嗓音障碍的因素有哪些？如何才能发出好的声音？以及发声治疗的练习步骤、练习方法和预期的目标等等；发声训练是具体的练习方法，做发声训练前一定要和患者讲清楚针对其嗓音障碍而采取的针对性的练习方法，这其中嗓音治疗师良好的发声示范能力是至关重要的。

多年以来，诸多的嗓音研究人员对发声治疗提出了很多的方法，目的是让有嗓音障碍的人群在发声过程中把参与发声的肌肉和呼吸协调起来,获得好的音质。随着嗓音医学突飞猛进的发展,有关嗓音矫治工作的开展还远远不够,对它的研究还不够系统化,虽然嗓音治疗师已经把它运用到临床实践中,但也是方法各异,使用起来有时不得章法,缺少针对性。下面我们将分门别类介绍几种嗓音障碍案例的矫治方法。归纳起来可以分为:功能性过强性嗓音疾病、功能性过弱性嗓音疾病、声带术前术后的嗓音矫治与康复训练、声调异常、共鸣障碍的训练。

1.第一种:功能性过弱性嗓音疾病

对于功能性过弱性嗓音疾病可以采用放拳法。

这种方法可以用来治疗喉肌无力症和声门闭合不全,需要说明的是运用这种疗法,声带是没有水肿、充血和增生(如声带小结和息肉等)情况的。具体练习步骤如下。

(1)轻轻地从齿缝发出长长的"衣"(元音),像是哼唱出来一样,同时双拳紧握举至胸前,随着发声将双拳果断向下推送,直至双臂伸直。

(2)继续上面的动作,自始至终发出间歇性的顿音。

注意在练习过程中,双肩要放松,双拳下推的一刹那发出的强音,并非喉部发力,要注意喉部肌肉的放松,还要注意练习的要领,精神要放松,掌握要领,方法得当。

对于功能性过弱性嗓音疾病还可以采用弹跳音和甩腔练习法。

在五个元音(a、e、i、o、u)中,i(衣)元音是发声位置最高,声带闭合力量最强的一个音,用i元音进行嗓音训练,可以增加声带的闭合能力。练习过程中可做长音的甩腔和弹跳,长音的甩腔可以增加声带的张力,弹跳练习一方面增加了声带的闭合力,同时也会加强其弹性。

甩腔练习:轻轻送气发i音,从低到高或从高到低,类似戏曲演员吊嗓门一样发声,声音像一条带子从腰腹部自下而上地向上、向前抛出,此时声带拉紧、声门闭合。

弹跳音练习:从腰腹部发力发出短促、有弹性的i元音,练习时明显感觉到腰腹部弹跳的力量,发出的声音像发射的子弹,向门牙的方向送出,发声的过程类似小声抽泣。

通过以上练习可以增强声带肌的韧劲和声带的闭合力,对于声门闭合不全、喉肌无力的嗓音障碍都有较好的疗效。

2. 第二种:功能性过强性嗓音疾病

功能性过强性嗓音疾病的致病因素有很多,表现出来的特征往往是喉肌(内、外)过分用力,紧张,声道缩短,是喉部过分上抬或下压造成的。在发声时具体表现为声音与气息不协调,往往采用硬起首,发出的声音生硬、粗糙,缺少通透感。功能性过强性嗓音疾病包括:声带痉挛、声带小结、声带息肉、室带代偿、发音疲劳等,在声音矫治中一定要缓解患者以喉部为主的局部肌肉的紧张度,嗓音矫治计划的制订第一步先进行放松训练,第二步加强呼吸的训练,第三步才是声音的训练。

放松训练的按摩疗法:放松训练包括身体局部的放松,例如喉部的肌肉、肩颈部的肌肉、面部的肌肉特别是下颌部的肌肉的放松、舌体的放松等等。在放松训练中可以配合一些嗓音保健操来进行,这已经在前面一些章节做过介绍,如唇部的、舌部的、咽部肌肉的等。下面介绍一种喉部按摩操,喉部按摩方法简易,效果显著,便于操作,可以起到舒筋活血、消除嗓音疲劳等作用,具体方法如下。

(1)先用两手的食指和中指顺着下颌肌自上而下轻轻按摩数次。

(2)用拇指和食指沿喉结部位向上找到舌骨与甲状软骨之间的间隙,其他三指轻轻靠在颈部起支撑作用,用拇指的指腹前端轻轻按、压、点、揉,注意力度不要过大,以患者感觉到舒适为主。

(3)双手交叉置于脑后,大拇指找到风池穴分别向上、向下推揉,节奏按四个八拍进行。

咀嚼、哼鸣、疗法:咀嚼、哼鸣练习在声乐训练当中被声乐教师广泛采用,它能在一定程度上缓解歌唱发声时喉部过度用力的情况,能提高发声的能力。这在一些声乐专著中也可找到相关的理论文字论述。它是在发声时通过咀嚼的动作缓解喉部的紧张,提高面部、咽喉部等在发声时的协调性,它分为闭嘴哼鸣和张嘴哼鸣,具体练习方法如下。

（1）轻轻闭嘴,一边做咀嚼的动作一边发声,可以哼唱歌曲的旋律,也可以朗诵语句,例如古诗词。做练习时一定要注意动作的协调一致,舌头要自然放松,不可刻意抬高、卷起等。

（2）轻轻张嘴哼鸣,重复上面的动作一边发声一边咀嚼时,要体会喉部的放松状态和声音的位置,并且牢牢记住这种声音的状态。

3. 第三种：声带术前术后的嗓音矫治与康复训练

大多数嗓音障碍都是由于不正确用声造成的,因此声带术前和术后的声音矫治就显得尤为重要,因为如果患者的发声状态没有改变,会加大术后的复发率。声带术前的嗓音矫治以放松练习为主,通过按摩、哈欠疗法、咀嚼哼鸣发声等方式使患者的喉肌放松,同时要辅以呼吸的训练（这一点很重要）,要向患者讲清楚发声矫治的意义和必要性,如何做发声矫治的练习,同时要讲明术后的注意事项等等。

4. 第四种：声调异常

声调异常最常见的就是男生女调和青春期假声。这类嗓音障碍以调整呼吸、加强胸腔共鸣为主,通过声音的比对练习让患者建立正确的声音概念。

5. 第五种：共鸣障碍的训练

在声乐学习过程中,共鸣训练经常被声乐教师所采用,如用哼鸣练习的方式来加强头腔的共鸣,采用的发音通常有 mi/ma（米/妈）或 ni/na（尼/那）等,胸腔的共鸣多采用降低喉头练习法,采用 hou（吼音）等低喉位的元音进行练习。

第四节　声音异常的几种具体表现

我们嗓音的可塑性很大,代偿能力很强,必须要花大力气进行艰苦训练。要把正确的呼吸、合理的使用共鸣、准确地运用吐字咬字器官和参与发声运动的各器官有机联系起来。如果我们不正确地开发和过度开发都会引起诸多嗓音问题。嗓音潜能的不正确开发或过度开发出现的声音症状,大体可以分为两大类:话声异常和歌声异常。

一、话声异常

话声异常指的是一个人平时讲话的声音发生异常。有一些优秀的歌手和歌唱家,他们的歌声优美动听,但讲话声音不尽人意。到目前为止,对声音异常的定论和标准还没有统一标准,据国内著名的耳鼻喉科专家、教授、临床音声学创始人王鹏万的意见,我们大体上可以用六个字来概括:毛、沙、哑、沉、闷、暗。

（1）声音发毛:从听觉上来讲,声音基本正常,个别的字音发声不正常,如发i（衣）、a（啊）等音,中低声区无大碍,在发高音和轻声时比较明显,音质上略显不干净。这种情况多为声带局限性病变或分泌物造成。

（2）声音发沙:俗称"沙嗓子",在发声时音色暗淡、音质犹如砂纸一样粗糙。这种情况往往是声带弥漫性病变造成的。

（3）声音嘶哑:声音嘶哑又称声嘶,是喉部（特别是声带）病变的主要症状,多由喉部病变所致,也可因全身性疾病所引起。重者发声嘶哑甚至只能发出耳语声或失音。发声时音调变低、变粗,音色暗淡无光,没有亮点,同时伴随着"咝咝"漏气声。声音嘶哑的原因主要有:①声带息肉,声带小结,慢性喉炎:患者多有过度发音,如长时间讲话,高声喊叫,长时间啼哭的病史;或者有用声不当,就会出现持续性声嘶；而声带小结和声带息肉多表现为持续性声嘶。②感冒发烧引起的急性咽喉炎症引起的声音嘶哑：症状有吞咽困难、喉咙肿痛、咽干、咽痒、咽疼。如果声嘶时症状长时间得不到改善，就要考虑声带水肿性小结或者喉结核、恶性肿瘤的可能。③急慢性声带炎诱发的声音嘶哑：根据声带炎症持续时间的长短，可以分为急性和慢性两种，无论哪一种都会引起声嘶。急性声带炎往往是由于感冒或发烧等身体疾病造成的，慢性声带炎往往是一个人长期习惯挤压喉咙发声造成的。④反流性咽喉炎诱发的声音嘶哑：症状有喉部异物感、经常出现返酸、嗳气，并伴有呕吐感。反流性咽喉炎一般是由于晚餐时间过晚或睡前喜食造成的。⑤另外外伤，包括环杓关节脱位及喉部的物理化学损伤均可以导致声音嘶哑。

（4）声音发沉：是指在发声时声音共振的位置只沉在胸部，声音难于向上、向前扬出的客观感觉。在喉镜下观察多为声带松弛，闭合力差，发声时声音粗重不响亮。

（5）声音发闷：发声时感觉声音闷、挤在喉咙里，发声费力。这种情况多为发声方法不当造成的，如挤、卡喉部的肌肉，双侧室带向中线挤压。声音发沉和声音发闷可以通过声音矫治来改变声音的发声状况，在临床实践中收到了良好的效果。

（6）声音发喑："喑"是完全失音，嗓子哑，不能出声。在讲话时漏气的感觉明显，如同耳语一样。这种状况与比较严重的嗓音疾病有联系，比如：大型声带息肉患者、声带切除后的病人等等，有时急性咽喉炎也能导致完全失声。

二、歌声异常

在现实生活中，有些人讲话的声音听起来是正常的，但在歌唱时声音却出现了这样那样的问题，一般从音调、音质、音强、音值四个方面进行调查，分为以下几种情况：

1. 轻声、渐强减弱发声障碍

这种状况在喉镜下往往很难发现，只有在具体发声时，比如做哼鸣练习时发轻声和演唱作品需要渐强减弱的处理时，出现不理想的声音状况。这往往与发声方式有很大关系，比如喉咙的松弛度、气息的正确运用等等，有时也与声带的弹性和闭合力好坏有关系。

2. 高音困难

我们排除发声技术上的问题，如果从病理上讲，发高音困难多为声带的前1/3处出现了病变，多数情况下是出现声带小结而造成。声带小结的出现致使声带的前端（高音区）在闭合时受到障碍，声带不能自如地展开和闭合，轻声发高音时感到困难，从而使音域变窄，高音丧失。

3. 破音

破音是当我们在唱到一定的音高时，发声突然断裂或者破裂，有人称为"嗤花"。在歌唱时唱破音的情况也是常见的，一些著名歌唱家也曾有唱破音的经历，比如我们大家熟悉的著名男高音歌唱家帕瓦罗蒂先生，就曾有唱破音的经历。从技术上来讲，唱破音是歌唱时声音突然失去气息支持，如果从病理上讲它往往是声带小结的早期症状之一，也不排除声带上有黏稠分泌物导致破音的情况。

4. 音准问题

音准上出现问题，是声带闭合肌肉群与声门下气压之间不平衡、失调时造成的。造成发音不准的主要原因一般有以下几种：一是先天性不同程度的听力障碍；二是后天性疾病所致，比如孩子小时候因神经系统疾病致使发声器官运动不协调、因听力受损等情况造成听不准音而无法正确模仿、大脑发育障碍等都可以引起发音不准；三是歌唱技术气息上的问题，比如：演唱时出现的"冒调"或者"塌调"，前者是音偏高，表现为声音显得急促而不够稳定，声音向上走音，与原先的音调偏离偏高，产生的原因一方面是缺乏严格的音高概念，还有一个原因就是呼吸的支点过高，气息冲击力量过大、过猛；后者表现为发声时与原先的音调偏离偏低，感觉音总是向下掉，达不到原先的音准高度，给人感觉发声力不从心。

同样除去缺乏严格的音高、音准概念外,最主要的原因是呼吸支点没有控制好,气息不足,气息压力过小而造成对声音的支持力度不够。

5.声区分离(声区不统一)

声区分离实际上是指声区位置不统一,在歌唱时低音区和高音区断裂,不能很好地衔接,声音明显分为"两截子",出现的破裂点多在换音点的地方,这种情况在女生当中较为普遍。究其原因一方面多与发声方法不当、歌唱技术不过关有直接的关系;另一方面与喉部的炎症和喉肌弱症而造成的环甲肌与声带肌功能失调有关。出现声区分离的情况时我们要综合考虑,以便找到解决问题的有效方法。

6.个别字音难发

在临床上戏曲演员的女生,尤其是多用小嗓演唱的,多在"发花辙"的一些字音上出现问题。男生多在"一七辙"上,比如衣(i),有时在乌(u)、鱼(ü)的高音上出状况。笔者在从事艺术实践过程中发现,在"发花辙"的一些字音上出现问题,多与声带的一些局部病变有直接关系,比如声带息肉、声带血管瘤、声带闭合不全等等,在衣(i),乌(u)、鱼(ü)的高音上出状况,多与声带闭合无力有关。

三、咽喉部的感觉症状

当患者出现话声或者歌声方面的异常情况时,这两种情况可以单独出现,也可以同时出现,每个人的情况不同,症状不一、轻重不同。一般从轻微的异物感、干燥感、灼烧感发展到严重的疼痛感(声痛)。

总之,一些嗓音的症状还与个人的身体健康状况有直接关系,从中医上讲如果声音高亢,说话较多,多数是实热症,病在心、肝;如声音较弱,语音较低,听起来较费劲,喜沉默,反应较慢或迟钝,多数是虚寒症,病在肺、脾、肾;说话声音重浊,多是气结痰阻,病在肝、胆。声音的产生是由肺等呼吸器官和口咽腔、胸腔等共鸣器官以及唇、舌等咬字器官共同参与,协调一致完成的结果。呼吸是发声的原动力,整个呼吸运动是肺部依靠呼吸肌肉群将胸廓扩大和收缩完成的。肺主一身之气,气动则有声;喉是发声的阀门,是给基音的地方。它起着决定嗓音基本音色的作用。其他共鸣器官和咬字器官起着调节声音音色的作用。声音异常情况的出现多与肺气有密切的关系,当然其他脏腑的病变也可以引起声音的变化。对声音异常情况,我们要综合考虑影响嗓音变化的各种因素,听声音一方面我们可以检查发声器官的病变,同时可以通过问诊的方式,进一步检查身体各个脏腑的情况,一般情况下,新病小病,其声多不变;唯有久病顽疾,其声乃变。

正常的声音虽有个体上的差异,但也有共同的声音特征比如:发声轻松、自然、流畅,并兼有明暗的变化和高低上的起伏。如果一个人出现发音困难、时间不能持久、发声易疲劳等特点,往往会导致声音上的异常,比如音色黯哑无光、声音不流畅、声音无高低、大小的变化等。另外,男生女调或女生男调也属于声音异常的范畴。

声音与人的情绪变化有很大的关系。比如人在高兴时,声音往往高亢、明亮。"人逢喜事精神爽",高兴的情绪会令人在发声时眉飞色舞,神采飞扬,发出愉悦、昂扬的语调;发怒时声音生硬、尖锐;悲哀的情绪会令声音低沉、暗淡。因情绪变化引起声音上的变化,是一种正常的发声,与声音异常无关。

声音异常从听觉上来讲,分为音哑和失音,有轻重之分。轻者声嘶,重者完全不能发音。有时候短时间的音哑或失音,是外感风寒或风热导致的,中医上讲为"实证"。长时间的音哑或失音,多属虚证,常是精气内伤,肺肾阴虚,虚火灼金,使得津枯而肺损,声音难出,所谓"金破不鸣"就是指的这种情况。有时候暴怒大声的叫喊,会伤及我们的喉咙,也可导致音哑或失音,是由于气阴耗伤所致。

第五节 教师职业发声不当易导致的嗓音疾病

一、嗓音病的产生

当嗓音的音量、音调、音质、发声持续时间以及发音的轻松程度等出现异常，无法满足日常生活和工作需要时，即成为嗓音病。

嗓音这件特殊的"乐器"由呼吸、共鸣、咬字吐字等器官共同组成。影响我们嗓音音色的因素有很多：比如腔体的大小、声带的长短厚薄、呼吸的状态、喉咙的紧张度、软腭的抬举程度、会厌的形状和竖起状况、坐立行走的姿势、人的情绪等等都会影响嗓音质量和音色的变化。

我们的嗓音乐器区别于普通乐器之处就是它的可调控性和不可复制性。在运用嗓音乐器时，我们的呼吸可浅可深、喉咙可紧可松、声调可高可低、表情可舒展可紧张，由此能调节出不同的声音。一些优秀的配音演员和口技演员能自如地与自己的嗓音做游戏，发出形形色色、不同的、丰富多彩的声音。

从事嗓音职业的工作者，在发声过程中，如果运动过度、失调或者不当都会产生嗓音疾病。嗓音职业性喉病是多种多样的。我国嗓音医学现在发展得很快，但是与欧美国家相比还存在一定差距，对一些嗓音病还缺少统一认识，比如同一种嗓音疾病在不同的地方，下的结论就可能有区别，在此处诊断为小结，在彼处有可能会诊断为息肉。不管下怎样的结论，我们只分析它的病理和病因，并就一些常见的嗓音疾病做一概略介绍。

人类的发声是发声器官运动的结果，以嗓音为职业的群体，比如教师、歌唱家、话剧演员、播音员等等都是嗓音的高频率使用者。他们就像"发声运动员"，在自己的工作岗位上长年累月、勤勤恳恳地让声带这件"小小的乐器"运动着。如果运动过度就会产生嗓音疾病，如急性声带充血、水肿、甚至声带黏膜下出血等急性创伤性反应。如果是长期运动过度就会声带肥厚、小结、息肉和声带肌无力等声带黏膜慢性、增值性病理反应。特别是声带肌无力（发声运动功能不足）是由于长期运动功能过度未能及时治疗，声带肌肉慢性劳损，造成肌肉运动能力降低，产生的各种声门运动障碍。总之，发音滥用，用声不当及不良的生活习惯，发声器官感染与炎症，全身因素如反流性喉炎、内分泌功能异常等，均可导致嗓音病的发生。

二、发声不当易致的嗓音疾病

1. 急慢性咽喉炎

急慢性咽喉炎是咽部疾病的一种，是咽喉部黏膜由于病毒、细菌感染，物理或化学因素引起的咽喉部炎症。慢性咽喉炎是急性咽喉炎长期或反复作用的结果。如果急性期的病人疏忽大意、重视程度不够或者是治疗不当往往会转化为慢性咽喉炎。另外，长期发声过度或者方法不当，也是慢性咽喉炎的致病原因之一。

咽喉炎的症状：咽喉部干痒、疼痛、分泌物增多，咽部有异物感，咽不下吐不出，经常想咳嗽，反射性恶心，以清晨较为严重。在喉镜下观察：咽喉部毛细血管明显扩张，咽喉部黏膜充血、水肿、肥厚，呈深红色或者是暗紫色。

咽喉炎是职业用声者的常见性疾病，特别是教师职业，10个咽炎患者中，8个是教师。咽喉炎虽然不会直接造成声音嘶哑或者失声，但是它的炎症可以影响到声带周围的发声环境，进而影响到发声。慢性咽喉炎在大多数情况下会影响到嗓音的变化，使用的时间不能持久，容易疲劳，歌唱时的音色与以前相比会有所不同，音色会变暗，声音的变换能力会大大降低，比如：音调的高低、音量的大小、运用高音和弱音的能力也减弱，甚至会完全丧失。音准方面有时会出现跑调的现象，声区之间的转换会发生不自然、破音的现象。

治疗急慢性咽喉炎，首先要找出致病因素，如果是发声功能过度、过度用声或者发声方式不科学造成的，必须加以纠正。如果是其他的因素：比如烟酒的刺激等就应该把致病因子去除，不要一味地单纯性治疗，即使病情好转，不久仍会复发。

要做好咽喉炎的预防保健工作，不吸烟、少饮酒，要保持呼吸道的健康；养成良好的卫生习惯，早晚要刷牙、饭后要漱口，经常用淡盐水漱口，保持口腔清洁，减少病菌的侵入；少食辛辣等刺激性食物，减少因食物刺激而引起的咽部炎症，吃饭要养成细嚼慢咽的习惯，以防止干硬和油炸食品因咀嚼不细或刺伤咽喉部的黏膜引起炎症；剧烈运动或大量用嗓后不要立刻喝冷饮，要尽量少喝带气的碳酸饮料，因为发声器官处于运动性生理充血期，冰镇冷饮的刺激会使咽喉部扩张的毛细血管急速收缩，容易引起毛细血管的曲张，从而造成毛细血管的微循环障碍，而引起咽部红肿等症状；预防感冒引起的鼻炎以免诱发咽炎，要积极锻炼身体，增加身体的免疫力，这是预防呼吸道疾病的关键。

2. 声带水肿

声带水肿一般可以分为两类，一类是局限性声带水肿，一类是弥漫性声带水肿。大多数声带水肿是由于过度使用嗓音器官造成的，即运动过度后声带的创伤性组织反应。在临床上的反应：声带运动迟缓、不灵活，声带的张力和弹性功能下降，歌唱时往往会延缓发音；演唱跳音时，显得笨重，灵敏性差。声音会变得沉闷、沙哑、无光泽、声带易疲劳。在教师中声带水肿发病率较高，这与长期发声不当和用声过度有直接关系。大多数教师在上岗之前没有接受过声音方面的训练，他们往往把生活语言和授课语言混在一起，在讲课的时候大声讲话，没有气息作强有力的支撑，加之超负荷的工作量需要频繁使用自己的嗓子，从而使自己的声带受到损伤。教师一定要注意讲话的用声方式，避免强起音，尽量采用柔和的语调、控制说话的速度和节奏，情绪不要急躁，要心平气和地讲话，从心理上让喉咙松弛下来，始终保持一种轻松和愉悦感，从而避免嗓音病的产生。

注意及时缓解嗓音的疲劳，不要等到病情进一步恶化才想到做嗓音治疗；平时要注意多喝温开水，保持喉部的湿润；嗓子疲劳时要注意发声休息，避免超负荷工作。可以多做一些气泡音练习和伸舌头的动作以缓解嗓音的疲劳感。关于气泡音我们在前面已经做过相关的介绍,伸舌头的练习可以锻炼我们的咽部肌肉,促进唾液的分泌,不但能减少口腔疾病的发生,还能起到锻炼面部肌肉的功效,使人容光焕发。人体出现老化现象的最大原因在于脑萎缩,最显著的症状是舌头僵化和面部表情变得呆板。日本科学家通过研究发现,生活中坚持锻炼舌头可以间接刺激脑部和面部的神经,从而减缓大脑萎缩,同时可预防面部神经、肌肉的老化。日本科学家建议,人们应该在每天早晚时间内多活动活动舌头,或者经常做做用舌尖轻抵上腭的活动等。实践证明,常伸舌头可以使我们的声音更健美。

3. 声带肥厚

对于歌唱专业的人来说,声带肥厚对发声的影响是很大的,在发声时会明显感觉声音不灵活、有滞重感,做弹跳音时感觉不灵巧,就像一个人在跳高时,身体感觉厚重,弹跳不起来,因此它对发高声也有较大的影响。声带肥厚患者较难发出轻柔的声音,一般需要大声才能使声音发出。

声带肥厚又称慢性肥厚性声带炎或称慢性增生性声带炎,是指各种因素导致声带黏膜弥漫性增生肥厚。表现为声嘶、干咳、伴喉异物感、痒感、干燥感、灼热感、疼痛感等。属于喉的慢性炎症之一,一般有职业特征,比如歌手、演员、导游等等。发病的因素一般是发声不当或过度,空气污染、烟酒过度、咽喉反流、系统性疾病等。

有声带肥厚的嗓音患者,要多饮水,进食清淡、易消化的食物,忌辛辣、油腻食物,多吃新鲜蔬菜及水果,戒烟酒。

要培养良好的生活习惯,坚持每日锻炼身体,做到劳逸结合,增强机体抵抗力。避免激动,学会调节情绪。对于职业用嗓者切忌过度用嗓,或用嗓不当,在发声上避免盲目追求宏大的音量和戏剧性效果,要多在发声质量和优美的音色上下功夫。平时多采用小音量进行发声练习。对于作品的选择要根据自己的实际情况量力而行,不要追求大的作品,要根据自己的学习程度,选择适合自己的曲目演唱。

声带肥厚的治疗原则,一定要去除病因,对症治疗。对于发声不当造成的,一方面要在药物干预治疗下,进行声音的发声矫治,从根源上解决问题。对于其他原因造成的,一方面要进行嗓音保健的教育;另一方面一般采用药物、喉部按摩和针灸等保守治疗。在对其进行发声教育的同时,要指导患者主动避免疾病诱因,要遵照医嘱用药,勿自行增减或停用药物,还要定期复查,出现异常后及时就诊。

4.声带小结

声带小结又俗称为声带茧,是声带边缘增生点状、米状或丘状的突起,往往成对儿出现,有话声和歌唱小结两种。因为它常常发于歌唱者,故又称为歌唱小结。在病理上属于炎症病变反应,所以也称为结节性声带炎。儿童(特别是男童)是由于大声喊叫所致,故又称为喊叫性声带小结。

艺术工作者常见的一种嗓音疾病就是声带小结,特别是声乐教师,其病因多是发声功能过度,即滥用嗓音和歌唱方法不当。有些歌唱者在嗓子疲劳时还坚持练唱,演唱超出自己音域的高音,一味地追求高音和大作品,这样势必会造成呼吸肌和喉肌的功能失调,使声带不能自由伸长和展开而造成疲劳。再者女生在生理期处于生理期充血阶段,这个时候如果坚持练习歌唱,特别是大声地发高音,往往也会诱发声带小结。

声带小结的产生往往在声带的前联合三分之一处,常左右对称、成对儿出现,也有一前一后交错出现,这种情况往往与患者头位不正、偏向一侧有关。

为了防止声带小结的发生,我们平时要注意,在伤风感冒时要保护好我们的声带,讲话时要避免用强音或者爆破音发声,避免大声咳嗽或习惯性清嗓子,注意劳逸结合。教师要注意当声带肌处于疲劳状态时及时休息,避免身体不舒服时带病工作,以免加重喉部负担,形成结节。

治疗声带小结的方法有很多,宗旨就是杜绝病因、纠正用声和歌唱方法、医药治疗。要具体情况具体对待,根据病程长短、病理的变化程度、性别、年龄和文化程度等等分别做出不同的治疗方案。

一种是保守治疗：发声休息。这种情况往往是针对病程时间较短、较轻时采用的一种治疗方式。发声休息不是绝对意义上的禁声，只是禁止歌唱和尽量控制说话的量。实践证明长时间禁声往往会对患者造成精神上的压力和创伤，严重者会造成精神发声无力症；发声矫治法也是一种很好的保守治疗嗓音的方法，在临床上收到了良好的成效。"声病还需声来治"的嗓音练习法：哼鸣练习和咽音练习。哼鸣的方法一般是选择在一个八度以内，从中央 c 到小字一组的高音 c 的较舒服的音域内练习，力度以中强或中弱为主，在气泡音的基础上轻轻地哼，也可一边哼着，一边做咀嚼的动作。一开始每天练习的次数不超过三次，时间控制在每次 5 分钟左右，随着小结的消退以后可以慢慢加大练习的次数和延长练习时间。哼鸣练习法给声带一个很好的按摩作用，可以改善声带局部的血液循环、促进小结的吸收。

第二种是药物治疗，一般采用中西医结合的方式，包括声带局部用药的声带滴液和喉部注射。我们中医的针灸和喉部、颈部按摩对于小结的治疗也有辅助的作用。

第三种是手术治疗。这是在前两种治疗方法无效的情况下不得不采用的一种治疗方式。小结的手术一定要慎重处理，不到万不得已一般不采用手术治疗。大量的临床经验证明，手术或多或少会对声带带来不同程度的损伤。即使小结切除，也会影响到发声的质量，特别是从事歌唱的专业人士，尽量不要采取手术治疗，小结术后的患者主诉歌唱的音域往往会变窄，声带的弹性和张力也会受到影响。即使实施手术也一定要注意术后的康复，一般 10～14 天要绝对禁声休息，直到完全愈合，禁声过后一定要做发声的训练，纠正以前的错误发声方式，避免日后复发。有些歌唱家小而硬的小结如果不影响发声，不建议手术。

5. 声带息肉

声带息肉是发生于声带固有层浅层的良性增生性病变，也是一种特殊类型的慢性喉炎，最主要的临床症状为声嘶。

声带息肉发病的原因有很多，它主要是由于声带长期充血造成的。

首先,发声不科学、用嗓不卫生容易诱发声带息肉的产生。在职业用声者当中,比如教师、讲解员、话剧演员、流行歌手和一些专业歌唱演员等,绝大多数人并没有接受过相关的嗓音培训学习(专业歌唱演员除外),因此并不具有科学发声的能力。在这种情况下,再加上高频率、高强度用嗓的职业特点,长期以往就会导致声带的病变。如果在发声上习惯采用挤压喉咙、提高声调的方式,就很容易导致声带充血。如果得不到及时的治疗,声带长期处于充血的状态,到最后就会演变为声带息肉。

其次,在上呼吸道感染等声带有炎症的情况下,长期坚持用声也很容易诱发声带息肉。当声带处于病态时带病让它工作,再加上用声不当等不良发声行为,相当于给原本生病的声带"雪上加霜",势必会加剧其病变的程度。如果没有发声不当的因素,单是炎症的存在会致使我们发声上容易疲劳,影响声带的振动和导致发声共鸣上出现故障,容易产生发声不当行为。另外上呼吸道感染一般伴随着咳嗽等症状,长时间的咳嗽同样容易诱发声带息肉。

第三,接触刺激性致病因子,容易诱发声带息肉。比如粉尘、化学原料等具有刺激性的气味等,容易使喉部不适引发咳嗽,长期的咳嗽容易产生声带息肉。吸烟和长期酗酒可刺激声带黏膜,使血管扩张,引起声带息肉性样变。

第四,内分泌紊乱。声带息肉样变性多见于更年期妇女,可能与雌性激素水平有关。甲状腺功能减退或亢进也与声带息肉样变有一定关系。

第五,某些全身性疾病,比如心脑血管、肾疾病,糖尿病,风湿病等使血管收缩、舒张功能发生紊乱,咽喉部位长期处于淤血的状态,也容易诱发声带息肉。

第六,反流性咽喉炎。由于胃酸反流到咽喉部,刺激喉部黏膜,容易使喉黏膜充血,继而诱发此病。反流性咽喉炎是引起声带息肉的原因之一。

声带息肉形成的病因很多,从临床来看多半是由于声带受到机械性损伤所致,比如手术器械对它造成的损伤以及嗓音的滥用和误用都会导致声带息肉的发生。

从大量的临床实践来看,声带息肉患者男性多于女性,息肉部位大多在声带的中后端。原因多与男性多抽烟和长期酗酒有关。另外,息肉患者的性格往往有易怒、脾气暴躁、缺乏耐心等特点。讲话的语流、语速一般偏快、没有节奏,喜欢高声讲话和大喊大叫。声带息肉的典型症状就是不同程度的声嘶。发病初期声音症状不明显,话声基本正常,演唱高音时,声音出现异常,发声迟缓并伴有轻微的嘶哑,声音时好时坏,间歇性嘶哑。发声不持久、易疲劳,发声时声门闭合不佳,伴有轻微的漏气;发病中期,由一开始的间歇性声嘶进一步发展为持续性声嘶,发声时漏气现象更为明显,演唱高音困难,音域明显变窄,话声开始出现异常,声嘶较为严重,发音不稳定;发病后期会随着病情的进一步恶化,开始出现持续性声嘶甚至完全失声。患者讲话困难,讲话时喉肌紧张度加大,往往用力才能勉强发声,伴有明显的气息声,有时气息声会完全掩盖语音。患者声嘶程度与声带息肉的大小及部位有关,通常息肉大者声嘶较重,反之声嘶较轻。息肉长在声带游离缘时声嘶明显,长在声带上表面时对发声影响较小,广基型的大息肉可完全失声。息肉垂于声门下腔者常常伴有咳嗽。较大的息肉位于两侧声带之间者,可完全失声,甚至可阻塞呼吸道,导致呼吸困难和喘鸣。

6. 声带血管瘤(血管痣)

声带血管瘤是声带血管疾病之一,是声带血管扩张(有条状、曲张、出血等)治疗不及时而长期用声出现的后遗症。大多数是发声运动过度的结果,少数是由于全身性因素引起的,在临床上以女性和高声部演员为主。

血管瘤的分型不同对声带的影响程度也不同,要根据不同的情况采取不同的治疗方式,对发声没有影响的血管瘤一般可以不治疗。有些血管瘤患者的发声已经出现严重障碍,就要采取相应的措施,可以药物治疗,有的必须手术摘除。

较为严重的血管瘤患者一般说话感觉费力、声带的运动笨拙、不灵活,讲话容易疲劳。大的或多个血管瘤会导致声音完全嘶哑,歌唱演员无法演唱,甚至完全失声。

血管瘤一般是声带长期充血造成的,病人的病程时间较长,多数是声带超负荷运动造成的,如长期用错误的方式歌唱、演唱力不能及的作品等等。为预防声带长期充血,要定期到医院的耳鼻喉科进行声带检查,做好预防工作,不要强行带病工作,如果强烈用声有时会造成血管瘤的破裂而引起黏膜下出血。

7. 声门闭合不全

声门闭合不全属于声门运动障碍引起的嗓音疾病,是喉内肌协调运动失调造成的,可分为运动功能不足和过度两种,它是教师职业性嗓音疾病的一种。在表现形态上分为声带平行闭合不全(两侧声带中间有一条宽窄不一的直缝)、声带梭形闭合不全(两侧声带中间出现一条两端尖细、中间宽的梭形缝隙)、声带三角形闭合不全(两侧声带后端出现类似于等边三角形的缝隙)等。不管是哪种的声门闭合不全,一般的诱因是不能正确使用气息的支持。比如第一种在发高音时用力过猛不能柔和起音,紧张过度,不能协调声门的正常运动,具体表现为讲话时高音费力,严重者发不出高音。中、高声区伴随着漏气声,声带不能很好的闭合,声音不干净。声带闭合不全一般与讲话或歌唱时,习惯强起音或者突然唱高音有直接的关系。为预防此类疾病一定要科学合理地协调、科学运用我们的嗓音,协调好气息和声音的关系。有些声门闭合不全患者可以通过声音矫治加以治疗,在临床上也收到了良好的成效,发音练习以发 i(衣)元音为主,i 元音在所有元音之中发声的位置最高,也是最窄、最有利于闭合的一个元音,可以设计不同的发声练习来锻炼声带的张力和弹性,协调气息和声音的关系。

声门闭合不全还有一种情况就是声带运动功能不足,也有一种说法称为喉肌弱症,声带无力症。这类疾病多数也是由于长期发声运动过度造成的一系列神经肌肉功能不足,肌张力减退。说话的症状表现为容易疲劳、发声不持久、高音费力、唱弱音或轻声困难。

一定要纠正滥用嗓音的情况,改正错误的用声方式,有些患者的发声心理障碍要彻底消除,只有这样才能彻底治愈。

8. 室带疾患(过度、代偿、肥厚)

在临床上经常遇到一些患者发声时出现室带方面的疾患,一般分为三种类型:室带运动过度型、室带运动代偿型、室带肥厚型。这三类室带型疾病在教师职业中较常见。室带在喉部生理上主要起保护性括约作用,不直接参加声带振动发声。在正常发声时,我们的室带并不内收,相反的在发高音时还要向外展一些,发声时如果室带内收,就会造成室带覆盖声带,这种情况往往是发声时喉部肌肉过于紧张而造成的。还有一种情况就是在发高音时,室带向中间靠拢压挤声带,可以是单侧,也可为双侧,但是两侧并不接触。大多数情况下不影响发声,属于生理性代偿行为,但是有的会构成明显的发声障碍,就属于病理性代偿,这种情况的病因往往出在喉肌弱症和声门闭合不全上。室带肥厚继发于室带运动过度或室带运动代偿,有弥漫型和肥厚型两种。

室带疾患一定要从病理上找到解决的途径,属于功能型的要进行发声矫治,纠正错误的发声方式和不良的发声习惯,心情要保持平静不要急躁,最后才能慢慢恢复。

总之,各类嗓音疾病的病因一般与发声不当有直接关系,当然也与其他方面有着一定的关系。作为职业用声者,一定要保护好自己的嗓音乐器,从思想上要切实重视起来,出现嗓音问题时要及时检查,不要延误病情,造成病情的恶化。嗓音病越早发现越好治疗,从日常生活的饮食起居开始注意:一方面要保证充足的睡眠,合理饮食,保持良好的情绪状态;另一方面要积极锻炼身体、增强身体的免疫力以预防伤风感冒;成年的女性应注意生理期嗓音的变化,生理期要避免大声歌唱;再者特别要注意剧烈运动后的嗓音保健,不要立刻喝冷饮和冲凉水澡,因为此时很容易引起毛细血管的急剧收缩,进而诱发声带黏膜下血管的扩张,甚至出血、淤血等疾病,轻者发声费力,重者声音嘶哑、甚至失声。

我们一定要保护好自己的嗓音乐器,因为我们人的嗓音这件特殊乐器具有可调控性和不可复制性,普通乐器损坏了可以再制一件新的。如果我们的嗓子损坏了,是不能复制和替代的。所以除了要用科学的方法使用它以外,在平时生活中还要注意好好地保养它,它才能很好地为你服务,为你的生活、工作保驾护航。如果你不好好对待它,终有一天它会罢工给你看,轻则影响到你工作生活的有序进行,严重者甚至会危及生命!

第六节　不正确用声纠正方式

在前面几节里我们曾经就发声矫治做过一些简单的介绍,下面就一些由于不正确用声而产生的各类嗓音问题做分门别类的介绍。

一、喉音

喉音,是由于喉头位置不正确,阻碍了发声的声波与气息通道,从而影响声带正常振动的一种错误的发声行为。声音表现为沉闷、僵硬、缺少弹性,发高音困难,低音低不下的特征,在听觉上让人有不舒适感;音色上也缺少变化,缺少通透感。

纠正喉音的方法:摆正喉头的位置,放松喉头,特别是舌根部位要放松,喉头处于自然松动的状态,防止喉咙下部用力下压致使喉咙撑大,同时将软腭自然向上抬起。喉音的产生往往是由错误的呼吸方法和发声器官不协调造成的,注意气息的深度,呼吸支点下移到胸腹间,气息通道保持畅通。要在呼吸的支撑下,让声音脱离喉部而直达头腔,使共鸣位置提高。用哼鸣的方式来练习,对克服喉音有很大帮助。在做哼鸣练习时,体会喉头、下腭、舌根放松、声音送达头腔的感觉,在中声区范围内选择舌尖、双唇着力的声母和在前半口腔着力的韵母结合起来练习,如 l、n 等声母,i、e、u、ai、ei 等元音和复合元音的练习,结合一些下行音阶或配合欢快、流畅的旋律,减少母音在喉腔的停留时间,使声音自然、优美,逐渐克服喉音。

克服喉音要改变听觉习惯,树立正确的声音观念。特别是长期用喉音唱歌,歌者本人往往觉得声音很好、很响。因此,必须在教师的指导下了解正确的发声状态,树立正确的声音概念,记住肌肉控制调节的协调动作并加以强化,使其树立正确的系统发声观念，从而彻底解决喉音的毛病。喉音在歌唱训练过程中较常见，在教师等职业性嗓音使用者中也经常会遇到。喉音的产生一般是为了过分追求大音量，追求声音结实，喉腔过分用力挤、撑，使喉腔肌肉过分僵、紧造成的。喉音使声音笨拙、闷暗而僵直，缺乏色彩变化，更缺乏艺术表现力。

在歌唱发声技术中有一种喉音唱法，它是艺术家们为了获得特定的声音效果而采用的一种发声方法。掌握喉音唱法（广义的呼麦）要点有二，一个是气泡喉音，另一个便是舌位和口型了。气泡喉音实际就是通过挤喉唱法让泛音分布清晰，而舌位和口型是为了让口腔中形成新的共鸣腔，从而显著增益泛音，形成哨音。常见的喉音唱法有卡基拉和西奇两种。卡基拉的效果实际相对简单，只需要发出气泡状的喉音，然后改变口腔大小即可，一般人稍加练习即可做到。难点在于保持低沉的喉音又不失响度。而西奇因为需要比较长时间去寻找正确的舌位以及口型，让泛音增益，并找到各个音调的位置，实为难事。之前笔者练习数月依然只能找到几个音的泛音，还远无法做到发出自由的音调。歌唱里喉音算一种歌唱的技术，主要是唱出泛音，具体还分喉擦音、喉塞音。根据嗓音医学大量的临床实践发现，长期采用喉音唱法的呼麦演员，他们的声带一般都是呈充血、肥厚状态。从艺术嗓音保健的角度来讲，喉音唱法不利于声带健康。至于它的科学性还有待进一步考证，不过有一点可以肯定的是，喉音唱法与普通意义上讲的科学发声法有着很大的区别，从歌喉保健的角度考虑，科学的发声一定是有利于嗓音的保健的，如果单纯从获得特定艺术效果的角度来讲，喉音唱法必定有它存在的必要性。我们讲科学发声，目的是为了在有利于保护嗓音的前提下获得一种好的声音效果。喉音是由于不正确的用声方式造成的，是需要纠正的一种不良声音。对于喉音唱法，我们可以做一定的了解，并和科学发声做一比较，从中得到一定的启示，我想会更有利于我们研究正确的用声方法、树立科学的发声意识和建立科学的发声习惯。

二、虚声

虚声是指音色虚而无力,给人以漂浮不定感觉的一种声音形象。它的特点是气多、声少,声音松散无力、不够扎实和明亮。产生的原因:声带与气流失去了对抗作用,声门上下的压力失去平衡感,而且与口咽等共鸣腔配合不紧密产生不了共鸣。因为它发声时呼气的力量大,气息短浅,浪费很多,声带的消耗要比正常的消耗大许多倍,长期使用这种发声方法,声带的弹性和张力会逐渐减弱,致使音域变窄,还会造成声门闭合不良的嗓音疾病。在朗诵作品时有时为了营造一定的艺术氛围,在声音上需要一些虚声处理,我们在此不做讨论。我们只研究虚声的病理及其病因,以便找到解决问题的办法。

由于虚声的声音效果给人一种虚而无力之感,声音不够扎实和饱满,因此在声音的实际运用过程中不能达到一定的声音艺术效果。比如教师职业,在授课效果上会受到很大的影响,再者虚而无力的声音给人一种不自信之感,进而影响到良好的人际交往,特别是在歌唱过程中无法很好地打造丰满的声音形象,也就无法谈及作品的艺术再现。混声需要扎实稳定的气息,在低音区胸腔共鸣为主辅以头腔共鸣,高音区头腔共鸣辅以胸腔共鸣。熟练掌握混声技巧后可以做到音区的连续和统一,不会出现声音虚虚实实的断层现象。但是混声是很高级的声乐技巧,自学难度比较大。学声乐还是找个靠谱的老师比较好,自己琢磨最怕的就是把嗓子练坏,因为声带的损伤是不可逆的。

虚声的解决办法如下:

(1)从思想上建立实声意识。意识上要明确,声音上要明亮而且结实,是以口腔共鸣为主的实声。

(2)了解声音的正确发声原理,采用气泡音的练习感受声门上下均衡的压力感,不能漏气。

(3)做一些拉紧声带的发声练习,比如采用窄元音 i 或者 e 等从低到高或从高到低做甩嗓的练习,就像戏曲演员吊嗓子一样,拉紧声带,以增加声带的闭合能力。

（4）设计跳音练习,利用腰腹强有力的气息支持感,发出短促而有力的跳音,以增强气息和声音的协调能力和声音的灵活度。

（5）采用绕口令练习唇舌的力量,特别是含有一些唇齿力量较大的声母如b、p等音的绕口令如《八百标兵》,四字词:百炼成钢、波澜壮阔、壁垒森严、翻江倒海等等,以此加强声母、韵母发音部位的锻炼,增加口腔共鸣。

三、声音捏挤

声音捏挤是指发出的声音音色单薄、发扁,声音像从喉部挤出。在发声时让人感觉力量沉在喉部,声音的通道像被卡住,声音上下不通畅。

产生的原因:声音捏挤往往是由于喉部肌肉过于紧张造成的。造成喉肌紧张的因素一般有两个,一个是舌根的下压,另一个是喉头的上提。由于喉部挤压,导致声带不能充分的振动,在喉咽腔得不到良好的共鸣,影响到其他共鸣腔的共鸣效果,因此发出的声音发扁、发白、缺少饱满圆润的色彩。声音捏挤往往与个人的声音审美有关系,有的人为了追求明亮的声音效果,就会不自觉的抬高音调讲话和歌唱,极易导致喉头的上提,发出捏挤的声音。这样的声音加大了声带负担,影响声带的自由活动范围,不能自如展开和拉长。在喉镜下观察发声现象时,往往会有室带超越声带的现象。长期用这种方式发音,很容易损伤声带,造成声带结节、息肉等嗓音疾病。

声音捏挤的情况在教师职业中是常见的一种发声状态。大多数教师在走上工作岗位之前,没有接受过声音方面的学习与训练,在授课过程中为了追求洪亮的声音效果,往往会扯着嗓子发音,不会用气息的支持松开喉部发声,一节课下来往往口干舌燥、甚至声音沙哑。

解决的方法:

（1）声音捏挤,往往是由于呼吸过浅而造成呼吸通道不能很好地打开,因此首先要改变不正确的呼吸方法,气息自然柔和地吸到腰腹处,要保持一定的深度。

（2）发音时采用自然张口，下腭要放松，适度抬起软腭，放松牙关，喉头要自然放下来。

（3）元音练习。采用 u 元音可以很好地解放喉咙。在所有元音之中，u 元音的喉头位置最低，也最容易体会胸腔的共鸣。练习时喉头要求自然放下，撮起嘴唇使声带自然振动发音，同时配合着小腹发力，在气息支持下让声音自然放松顺畅地送出口腔。

（4）另外加大唇齿的力度也可以达到放松喉部的目的。

（5）练习讲好普通话，练习过程中注意提、打、挺、松四个动作。提，指的是提颧骨；打，指的是打哈欠；挺，指的是挺上腭；松，指的是松下巴。

这样练习的目的主要是为了增加口腔的开度，使喉头自然放松，消除喉肌的紧张，从而打开气息通道。

单字词练习，如：巴、爬、搭、他、帮、当、张、昌、商、布。

四字词练习，如：中国伟大、天然宝藏、鸟语花香、惊涛骇浪、喜笑颜开等等和练习"发花、江扬、姑苏"等辙口的诗词。

另外，多体会打哈欠或者是一些生活场景比如吃滚烫的汤圆的口腔感觉也能帮助我们很好地获得松开喉咙的体会。

打开口腔指的是打开内口腔，并非指的是口腔的前半部分要一味的张大，即要松开牙关部位的口咽部分，这是歌唱或说话时真正的嘴巴，所以有一个说法：歌唱家的嘴巴在"口咽部"。打开内口腔有利于形成良好的通道感，使我们的咬字器官更加灵活、运动起来更加自如，更关键的是可以使音波在口腔内得到丰富的共鸣，发出的声音更加饱满圆润，打开口腔可以从以下四方面入手：

1. 提开颧肌

颧肌，我们俗称苹果肌，处于我们脸部的最高处。发音时这部分肌肉向上拉起，有利于我们打开鼻腔通道，发出高位置的声音。

2. 打开牙关

牙关部位指的是我们耳朵根的凹陷处，发音时，要上下松开。可以找半打哈欠的感觉，轻轻地主动将上口盖向上拎起，同时后槽牙上下拉开，以增大口腔的容积。

3. 挺起上腭

在提起颧肌、打开牙关的基础上，上腭部位向上、向前积极挺起，可以找啃苹果的感觉。上腭从前向后分为硬腭和软腭两部分，挺起时要以前半部的硬腭为主适度抬起软腭，切忌不要过度抬起软腭而形成浓重的鼻音，造成语音浑浊。

4. 松开下巴

松开下巴的过程是配合前三个动作进行的。下巴部位一般指的是整个下颌部分。发音时要感觉下巴处于从动状态，不要主动向下拉或向前伸，要保持一种微微内收的感觉，整个下颌像是挂在耳朵根处。实际上我们松开牙关的过程也是松开下巴的过程。在具体发声过程中，发声上的诸多问题，都与下巴过紧有很大的关系。下巴紧张不光影响到口型上的不自然，还会影响发音的质量，造成发声困难。因为下巴的下端连接的是喉部，如果下巴紧张，势必影响到喉部肌肉和发声器官造成喉肌紧张，使发声器官不能处于正常的发声状态，影响到声带的振动和各个共鸣腔体的共鸣，特别是口咽部的共鸣。下巴紧张的典型外貌特征就是下巴的前伸，发出的声音僵硬、缺少弹性，在歌唱时高音困难。

在发声时，打开口腔的四个动作是同时进行的，用于声音的训练可以分解练习。练习时要注意各个动作的要领，同时兼顾其他动作，协调一致地完成整个动作。打开口腔是发声训练中的一个关键步骤，它直接关系到咬字吐字和整个发声的质量，打开口腔的整体感觉是内口腔的上下拉开、立起，上唇以上的唇肌和颧肌感觉向上、向前拉起，下唇以下的下颌部位是向下、向后的微收。整个过程要注意动作的连贯和协调，整个面部表情自然、舒展、放松。

正确打开口腔可以解决发声上的声音捏挤问题，使发声器官处于自然松动的状态，有利于发出饱满、圆润的声音，从而提高发声的质量。

四、鼻音

鼻音是由于不正确用声导致的不良声音效果,它和鼻腔共鸣产生的"鼻音"有着本质上的区别。正常的鼻音是发声共鸣的一部分,属于上部共鸣或称为头腔共鸣。鼻腔共鸣是音波随部分气流通过鼻腔推射到体外,发出的声音明亮、流畅,而鼻音是音波被堵塞在鼻腔里,投射不到体外,因此发出的声音浑浊、闷塞,像是伤风感冒后发出的声音,听起来有不舒适感,属于应该纠正的声音。鼻音的产生,在绝大多数情况下是由于个体不正确的用声方式造成的,有时候当发生各种鼻腔或软腭的疾病时,正常的鼻音也会出现变化,比如病理性鼻音,常见的分为闭塞性鼻音和开放性鼻音两种。

闭塞性鼻音和开放性鼻音的区别在于前者是音波完全被堵塞在鼻腔里,比如一些鼻炎、鼻息肉患者;开放性鼻炎是发声时气流完全从鼻腔漏出,鼻腔关闭不良甚至是不能完全关闭,比如一些软腭功能不全者和腭肌瘫痪等疾病,容易导致开放性的鼻音。

病理性鼻音的音色暗淡、枯涩、浑浊,像感冒声,鼻子堵塞。

产生鼻音的原因一般分为以下几种:

(1)发声者从声音概念和听觉上,把鼻音误认为是鼻腔共鸣或声音的高位置,觉得"有共鸣、有位置",结果掉进了鼻音的陷阱。

(2)发声时,口腔开度不够,软腭无力塌下,不能适度的向上拎开,状态过于懈怠,导致小舌头和整个软口盖的塌陷,舌头后半部分与之相触,堵塞部分鼻腔通道,使部分气流滞留在鼻腔里,不能顺畅的投送到体外,同时由于舌头后半部与软腭的相触,导致口腔共鸣空间变小,从而减少了口腔共鸣,使共鸣局限在鼻腔里导致鼻音的产生。

纠正的方法如下:

首先,从概念和发声原理上分清鼻音和鼻腔共鸣,从听觉上把鼻音和鼻腔共鸣区分开来,在发声时建立整体共鸣的概念,调节各个共鸣腔体的共鸣比例,协调一致发挥综合共鸣。

其次,在发声训练中,可以捏住鼻腔进行检验。如果捏住以后声音前后变化明显则是鼻音,如果声音前后变化不明显的则是正常的鼻腔共鸣。为了有效地避免鼻音的产生,发声时软腭要积极地适度抬起,口腔后半部分的开度要大一些,舌头自然放平。还可以采用咬着筷子练习,让声音沿着上腭送出来,而不是送到鼻子里。练习时也可以采用朗读歌词的方式,用自然讲话的感觉去歌唱,先不要去找上部共鸣,也可以捏起鼻子进行练习。

最后,在练习辅音的选择上,暂停"m"或"n"带鼻音的辅音,少唱"中东""江阳""人辰"和"言前"四类韵母的字,同时选用"l""d"等子音带元音的顿音及跳音练习。

做练习时可强行捏起鼻子关闭鼻腔通道,体会声音的正确输送方向,再放开发声。前后比较声音的变化,要确定捏着和放开鼻子时声音没有变化,并且记住发声的状态。

五、颤声

颤声即声音小抖,表现为声音无规律的颤抖,又俗称"羊声"。声音颤抖的产生有诸多的原因,比如神经过度紧张、用声过度、声带疲劳、年老体衰和不正确的用声方式等都会导致声音的抖动。由于发声方式不正确所引起的声音抖动可以分为两种,一是小抖即抖音;二是大摇晃,即晃音。

产生颤声的原因:在发声时气息调节不均匀和喉部肌肉过分紧张造成的,各个发声器官处于失控的状态。小抖音给人一种躁动不安的感觉,大摇晃的声音给人一种极其不舒服之感。

颤声的发生在艺术领域中较常见,特别是在学习歌唱的初期,如果没有树立正确的声音概念,为了追求歌声中的处于一定振动频率的颤音,而使声音的振动频率超出我们人耳正常接受的频率范围,在听觉上就给人一种不舒服感。所以一定要协调好气息与声音的关系,避免此类情况的发生。

纠正的方法：首先要正确地理解和认识歌唱颤音的发声原理，树立良好的声音形象，采用录音或录像的手段反复比对颤音和颤声，从而改变听觉习惯；其次要采取矫枉过正的方法，在声乐训练过程中，要有意识地把声音发成一条直线的感觉，或者是边唱边用手画直线，可以想象拉弦乐器的拉空弦动作，经过一段时间的练习，就会获得稳定而松弛的喉头状态和均匀流畅的连贯的气息支持。获得气息与声音的平衡协调的关系，颤声就会慢慢加以改善，直到完全消失；再者在做发声练习时从中低声区开始，采用哼气泡音的方式哼着唱，多选择跳音、顿音练习；母音以 u 元音为主，稳定住喉头，也可以用手摸着喉头以在心理上予以暗示喉头稳定的状态。

对于歌唱中良好颤音的产生一定要正确加以区别。不要因为害怕颤音而陷入发"直声"的误区。良好的声音都是呈波浪形的曲线，它有波峰和波谷，它如同人的心电图一样，而并非一条笔直的直线。对于歌唱中声音发直的问题，还要很好地进行气息方面的训练，以达到声音流畅、百折不回的目的。掌握良好颤音的方法后，才能真正开始感受并灵活掌握气息和发声器官的配合技巧。

六、声音发散

有些人职业性嗓音的用声，往往会存在声音不够集中、明亮，声音单薄的情况，特别是教师职业语言的受众往往是数量众多的学生，对教师的声音要求相对来说高一些。明亮、集中、能传远的声音是每一个教师所希望拥有的，但在现实生活当中，有很多的教师发音单薄、缺少共鸣感、没有亮度和力度，几节课下来往往筋疲力尽、口干舌燥。

声音发散的主要原因是口腔的后半部分没有适度打开，前声腔开度过大，影响了上部共鸣导致的。

要解决这个问题一定要注意把后口腔即口咽部分充分打开，力求形成共鸣的空间；在气息上要注意深度和气息的有效控制，在声音上要树立"竖起来"，声音要拢成一条线的概念，在输送气息时要有一股气流的感觉，在发声时感觉声音由下而上拉起并立起来,像一条线送出口外。

平时可以多做一些哼鸣的练习,以体会声音的高位置;另外应该加强双唇及舌头肌肉力量,注意牙关松开,后声腔要打开;咬字吐字时注意要咬住字头,口腔前半部一定要控制好,唇齿要展开、积极,不可过于松懈。尤其遇到开元音 a、ai、ao、an、ang 时,元音要发得圆润、窄一些、点小一些。可以采用最窄的、有利于声音集中的 I(衣)元音进行练习。一些声母、韵母的拆合练习如双唇音 b、p 发音时不要满口用力,要把集中点放在口唇中间的 1/3 处,要发得响亮、集中。在练习时一定要结合呼吸,把呼吸控制好;要正确处理好放松和集中的关系;放松是在一定程度上喉部肌肉的放松,集中是声音的集中,在发声训练过程中,该放松的地方一定要放松,该积极的地方绝对不能松懈。比如喉部周围的肌肉要放松,肩颈要放松;腰腹的力量要积极,不能松懈;神情要专注、高度集中,不能松垮等等。

发散的声音由于不够饱满和扎实,在艺术效果上往往缺乏表现力,所以要通过发声训练使声音变得饱满、扎实,只有这样声音才能达到预期的艺术效果。

七、声音闷、暗

声音闷、暗指的是声音暗淡、沉闷、缺少亮度,声音不圆润、不动听。由于声音暗淡,字音的清晰度会受到影响,即使加大力气发声,问题也不能很好地解决。

声音闷、暗的原因有时与嗓音疾病有关系,比如声带息肉、声带炎、声带肥厚等等。但是大多数情况下是由于发声不当造成的,比如牙关太紧、舌根僵硬、口腔打不开,加上喉部周围的肌肉过于紧张造成喉咙挤卡等原因,造成声音不能顺畅地送出口腔。还有一个重要的原因,就是发声者缺少正确的声音概念,一味追求洪大的音量和厚重的所谓"戏剧性"的声音,而把口咽部打得过大,造成口腔前部过小的倒口喇叭(喇叭应为前口腔略大于后口腔)的形状,因而影响到正常的扬声效果,造成声音闷在口腔的后半部分。有这种不良发声习惯的人,首先应该通过技术练习让参与发声的各个器官自然地协调一致配合起来,可以选择声母 d、t 等和元音 i（衣）进行练习，以达到准确控制气息、传送声音的方向和力度，同时在发声的口型上也可以做出相应的调整，嘴唇和牙齿稍微分离，形状呈喇叭状，以造成良好的扬声效果。平时可以多做一些伸舌头发声的练习和加强舌前部的口咽操及绕口令，通过提颧肌、打哈欠、挺软腭、松下巴等动作，将声音送达到硬腭前部，以此增加声音的圆润度和明亮度及流畅性，同时字音的清晰度也会大大改善，避免让人感觉像"含着热地瓜"歌唱一样吐字含混不清。

总之，声音闷、暗不单单是声音不够悦耳动听，它主要是影响到声音向前、向远处传送的效果，同时还会涉及嗓音的健康问题。如果教师在授课过程中存在这个问题，会使授课效果大大降低，不利于课堂质量的提高。因此我们应该高度重视这个问题，做好声音方面的培训和学习，避免这种不良发声习惯的产生。

八、喊叫

在日常生活当中，我们随时随地都有可能听到"喊叫声"，在职业用声者当中，喊叫声也是我们经常遇到的问题。特别是教师职业，教师在面对众多的学生讲课时，试图让声音的音量变得洪大，因此会加大气力讲话，由于缺乏声音方面的训练，不会松开喉部、利用气息的支持和合理运用各共鸣腔体的共鸣来发音，所以导致发出的声音干涩、发扁、缺少应有的共鸣，同时伴随着喉咙越卡越紧，造成通道堵塞，最后导致全部发声器官失调，喊叫出的声音生硬、粗糙及至嘶哑。

克服"喊叫"的方法：首先系统地学习发声技能技巧，从发声原理上了解发声的整个运动过程。声带是振动体，声音的产生是气流通过声门时，引起声带振动产生的，最初发出的音称为喉原音，它本身的音量非常微弱，需要借助共鸣腔体的扩大、过滤和润化，才能使嗓音更洪亮、更优美。在发声过程中，头腔、口咽腔和胸腔，像是从上到下依次叠置起来的一组高、中、低组合音响，发挥整体共鸣的效果。气息是产生声音的原动力，发声时声音要有良好的气息支持，声音要以气息为依托，声、气要紧密结合起来；其次树立正确的声音概念和审美观。发声时注重音质和音色，不要追求大音量。发声训练时可多采用轻声、柔声进行练习，起音采用软起音,避免硬起音,同时用唇颤音、哼鸣和气泡音等练习,体会声、气结合的状态。

喊叫声和歌唱技术中提到的"白声"属于同一种声音类型。表现为声音缺乏共鸣,发直,扁、尖,刺耳,缺乏声音的色彩。产生的原因是发声时缺少腔体共鸣意识和气息支持声音的概念、不了解发声的基本原理和没有掌握基本的发声技术造成的。有时候是由于演唱超出自己能力的大作品,发声技术不成熟造成的,例如演唱高音时由于声音缺少气息的支持,喉头上提从而影响共鸣效果后产生白声。

克服"白声"的方法如下:

首先,跟"喊叫声"一样,树立正确的声音观念和审美观,多听一些美声作品,在头脑中建立良好的声音形象。

其次,掌握科学发声方法,建立通道感,特别注意口咽腔共鸣管道的畅通。发声中找到正确的发声位置和共鸣焦点。口腔要注意强调内口腔的打开,采用胸腹联合呼吸法,气息保持足够的深度,防止吸气过浅。在训练过程中可以侧重头腔共鸣的训练,音量要适中,可以采用轻声、柔声的方式,注重音质和音色,不要追求洪大的音量。

"喊叫声"一方面缺少声音的美感,同时对嗓音的伤害也是很大的。如果长期运用喊叫的声音大声讲话,很容易造成声带的局部病变如声带小结、声带息肉、声带炎等等。在临床中教师和儿童(一般为男童)是声带小结易发人群。

九、吐字不清

吐字不清是教师语言中经常遇到的问题,在听觉上给人以"大舌头"之感。所谓的"大舌头"并不是指的舌头长得很大,它指的是发音上的吐字不清、发声时存在着吞字或语言不清的问题。

我们知道语音的构成包括两个部分,一是声音,二是语言。语音是有声的语言艺术,语言向外传递的过程好比发射子弹的过程,伴随着枪响,一粒粒的子弹

（语言）都要从枪膛里推送出去。如果存在吐字不清的问题，就好比子弹推送无力，从而影响整个推送动作的流畅性。如果是由于吞字造成的吐字不清，那就需要调节推送方向，让语音沿着正确的方向向前推送。

造成吐字不清的原因有以下几种：

（1）遗传因素：舌系带过短或方音的影响。

（2）嗓音疾病因素：比如声带水肿、息肉等嗓音疾病均能影响语音的清晰度。

（3）咬字过于松垮：在发声过程中，参与咬字的构语部位不够积极、过于松垮，就会造成吐字不清的问题。比如两颊无力、舌头调动不积极、唇齿过于松垮等等。

治疗大舌头如言语不清（发音不准、吐字不清）首先要看一下舌系带有无异常。若舌系带过长导致发音不清楚，需要做小手术治疗；若声带、舌系带等都是正常的，那么有可能是遗传、方言所致，建议平时多练习纠正自己不准的读音，多看中央电视台的新闻节目，注意及时纠正自己的不正确读音；每天要坚持锻炼吐字说话，速度由慢到快，练习的量由少到多，练习的时候一定要准确，清晰；也可以到康复科进行锻炼恢复，做发声矫治。如果是听力障碍引起的语言障碍，由于听不到或者说听到的声音是变性的，所以吐字不清，甚至不能说话。有时感冒发烧会引起听力下降，这主要是病毒感染造成的，一般采用中药等特殊方法和药物治疗。

吐字不清一方面与上面陈述的原因有很大的关系，另外还与发声习惯有直接的关系。

吐字不清在歌唱语言中也是容易出现的问题。歌唱是表达人类情感的重要表现方法，讲到歌唱，我们自然而然地就会想起咬字吐字的表达技巧。倘若表达不清楚，人们就无法感觉到你此时此刻的情感是悲是喜。我国的民族声乐艺术特别注重"字正腔圆"的艺术效果，特别讲究"嘴皮子劲儿"。"咬字千斤重，听者自动容"充分说明了咬字在艺术表达上的重要作用。歌唱语言是以生活语言为基础的一种艺术夸张化的语言，它的咬字吐字技巧的训练同样适用于生活语言，方法如下。

首先要训练学习标准的普通话。找出导致吐字不清的声母是舌面音 j、q、x 还是舌根音 g、k、h；是平舌音 z、c、s 还是翘舌音 zh、ch、shi、r；是舌尖中音 d、t、n、l，还是其他的声母。然后在专业老师的指导下，根据普通话的发音方法，一个一个地练习。

要想做到说话吐字清楚，我们的舌头、嘴唇就要做到控制自如，舌尖和嘴唇的弹动要积极有力，平时多多练习口部操，操练嘴皮子。还可以做一些舌部和喉部的放松练习。

舌部放松练习方法：把舌头轻轻往外推，舌面是平坦的不可翘起，以颈部为轴分别向左右甩动，舌尖放松，用腰腹的力量来控制气息。舌头甩动练习初期往往感觉动作不够协调，等练习一段时间就会慢慢适应，得心应手。

喉咙放松练习：当喉肌紧张或嗓音疲劳时，可以做一些放松喉咙的练习。一是进行喉部的按摩，二是可以发气泡音和唇颤音，这在前面都做过相关内容的叙述，在此不再赘述。

吐字不清矫正方式如下。

1. 练习呼吸

做深呼吸练习，吸气的时候尽量饱满，将气自然吸到腰腹部，然后慢慢呼出，要尽量控制呼出的气流量。在呼气时数数或者是练习专门用来练气的绕口令《数枣》。

2. 发声练习

在做发声练习时一定要配合各种辅音来练习唇、齿、牙、腭、喉等各个咬字部位的灵活度和积极性。

3. 快速练习

快速练习可以训练构语器官的灵活性。因为快速练习，要求在读准、读清字词的基础上进行，这就需要充分调动各构语部分的积极性，才能达到训练的要求。练习的方法：我们选择一篇短文，以最快的速度把它读完，通过录音把不清楚的字词挑出来,然后重点练习。

4. 嚼口香糖练习

做练习时,一边朗读一边嚼口香糖,尽自己最大努力把字说清楚,刚开始练习时,往往很不适应,感到咬字吐字很别扭,一下子很难把嚼的动作和咬字吐字的动作有机协调起来,等坚持一段时间,熟能生巧,你会发现自己的吐字渐渐变得清晰起来。

5. 多听与模仿

平时多听专业的朗诵、大家的朗读段子或模仿电视、广播中的主持人。一定要选那些发音正确、吐字清晰的导播,学习他们的发音、吐字。

6. 舌部的训练

在我们所有的构语器官中,舌头的地位和作用最为重要。在普通话的所有组成因素中,除了唇音 b、p、m、f 以外,其余全都要依赖舌部的活动,音节则全部都有它的参与。在发声过程中舌头的状态直接决定着字音的准确和清晰度。在所有咬字器官中,舌头是最为灵活,同时也是最为任性、不易控制的咬字器官。由于汉语普通话语音多借助于舌的前部和中部动作,因而特别需要加强舌前部及中部的训练,使它更灵活、更有力。在咬字吐字时,除了一些翘舌音外,其他各音,舌头要保持向前的动作,不能向后缩,使力量集中在舌的中纵线。有关练习如下:

增强舌头灵活性和弹动力练习:

弹舌:舌尖上翘分别抵住上齿龈、硬腭、软腭,不断反复弹响。

刮舌:舌尖抵住下齿龈,打开口腔,上牙齿贴着舌面由前向后做刮的动作,反复进行。

卷舌:将舌头伸出口外,使舌前端呈尖型,然后向上卷起。

立舌:适当张开口,使舌在口腔里左右立起来,可用手辅助练习。

转舌:闭起嘴巴,舌尖在上、下牙齿外转动。

绕口令练习。有关绕口令的练习,除了我们在前面章节里提供的练习材料外,下面的这些素材也是很好的练习材料,它可以很好地锻炼发音器官的灵活性,练习吐字归音、气息的控制和口腔控制等方面的综合能力。

材料一:婆婆和嬷嬷

婆婆和嬷嬷。

来到山坡坡,

婆婆默默采蘑菇,

嬷嬷默默拔萝卜。

婆婆拿了一个破簸箕,

嬷嬷带了一个薄笪箩,

婆婆采了半簸箕小蘑菇,

嬷嬷拔了一笪箩大萝卜。

婆婆采了蘑菇换饽饽,

嬷嬷卖了萝卜买馍馍。

材料二:鹅过河

哥哥弟弟坡前坐,

坡上卧着一只鹅,

坡下流着一条河,

哥哥说:宽宽的河,

弟弟说:白白的鹅。

鹅要过河,河要渡鹅。

不知是鹅过河,还是河渡鹅。

材料三:葡萄皮儿

吃葡萄不吐葡萄皮儿,

不吃葡萄倒吐葡萄皮儿。

材料四:扁担长

扁担长,板凳宽,

扁担没有板凳宽，

板凳没有扁担长，

扁担绑在板凳上，

板凳不让扁担绑在板凳上。

扁担偏要绑在板凳上。

材料五：满、懒、难

学习就怕满、懒、难，

心理有了满、懒、难，

不看不钻就不前。

心里丢掉满、懒、难，

永不自满边学边干，

蚂蚁也能搬泰山。

材料六：河边两只鹅

河边两只鹅，白鹅与黑鹅，

哦哦爱唱歌，唱得渴又饿，

昂首吸飞蛾，飞蛾啄不住，

岸边去找窝，草窝暗又矮，

只得去过河，河里真暖和，

有吃又有喝，不能再挨饿，

遨游真快活，安心爱唱歌。

材料七：六斗六升好绿豆

出南门，走六步，

见到六叔和六舅。

叫声六叔和六舅，

借我六斗六升好绿豆。

过了秋，打了豆，

还我六叔六舅六斗六升好绿豆。

材料八：白头翁做窝

早晨做窝露水大，

等到中饭暖和和。

中饭暖和日头猛，

等到夜里凉风多。

夜风凉，蚊虫多，

等到明年再做窝。

材料九：黄贺和王克

一班有个黄贺，

二班有个王克，

黄贺、王克二人搞创作，

黄贺搞木刻，王克写诗歌。

黄贺帮助王克写诗歌，

王克帮助黄贺搞木刻。

由于二人搞协作，

黄贺完成了木刻，

王克写好了诗歌。

材料十：比腿粗

山前有个崔粗腿，

山后有个崔腿粗，

二人山前来比腿，

不知是崔粗腿比崔腿粗的腿粗，

还是崔腿粗比崔粗腿的腿粗。

十、用声过度

用声过度是引发嗓音疾病最常见的原因之一,它应该属于发音滥用的范畴。一般是指长时间、超负荷使用嗓音,或者是长期处于疲劳状态下的持续用声。用声过度很容易造成各种嗓音疾病,导致不同程度的声嘶,从而影响讲话的效果和质量。

慢性咽炎是常见的嗓音疾病,该病和气候干燥寒冷、空气质量有密切关系。教师每天都要讲课,在课堂上为了提高学生的学习兴趣,让他们更集中听课,常常需要提高嗓音。慢性咽炎主要表现为咽部的不适,发干,有异物感、恶心、干咳等,大多数患者表现为咽干,分泌物减少,有的人可能会有不自觉的清嗓子动作。

专家表示,防治慢性咽炎要求教师提高对嗓子的保护,尽量避免吃过甜或是过咸的食物,尽量避免吸烟、喝酒。少吃或者是不吃煎炸的食物,少碰辛辣、有刺激性的食物。提醒教师朋友要学会养护嗓子,可以在讲课过程中多喝水,保持体内水分平衡,滋润声带黏膜。

据专家介绍,除了慢性咽炎、慢性喉炎外,教师还容易患上声带小结和声带息肉。声带小结是声带边缘出现小结节,患上声带小结的教师会出现声带嘶哑的症状,或者是间歇性的声音嘶哑,有小结的喉部并不会感到疼痛。声带小结很容易被误诊,如果有声音嘶哑的症状,要及时到医院就诊排查病因。患上声带小结的教师可以短期禁声,女教师在感冒期和月经期尤其要注意避免发声疲劳。很多人觉得声带小结一定要经过手术治疗才能好。对此解释,医生会根据患者声带小结的情况给出治疗方案,有的声带小结可通过保守方式治疗,在禁声等治疗方式下恢复正常。

总是用嗓过度,或是经常性的大喊大叫都会导致声带息肉。不光是长时间发声不当会导致声带息肉,一次强烈的发声之后也会出现声带息肉。声带息肉的一个主要症状就是声音嘶哑。教师的职业性质让他们比较容易招惹上声带息肉。尤其是那些中老年教师,以及有吸烟习惯的教师,都要警惕声音嘶哑的出现。该病严重时还会出现不同程度的呼吸困难,提醒教师对声带息肉应引起重视。

教师要重视起对声带、咽喉的保养,学会让声带休息,避免窃窃私语。窃窃私语对声带的损害比正常说话要大。教师朋友不要过高或是过低的说话,说话时注意胸腹部的呼吸,必要时到正规医院检查及治疗。

十一、音色过亮

音色过亮,指的是下意识保持一种强度和起伏度比日常说话大的发声状态,这样会让我们的喉肌过度紧张,从而造成嗓音疲劳,容易诱发嗓音疾病。因此,一定要从思想上认清,过分追求明亮的声音色彩会有损嗓音的健康。发声时应在充分了解自己嗓音特点的前提下,遵循自然发声机制,采用科学的发声方法,以还原嗓音的基本音色。

防止音色过亮的同时还要避免出现另一个极端,即声音过虚。声音过虚指的是不发出明亮有力的声音,让声音显得细弱。虚实结合的声音富于色彩的变化,具有较强的表现力且富有情感,用得好会让你散发出深沉有内涵的魅力。但有些人一味追求虚声,整天到晚用虚弱的"温柔的"声音讲话,跟没吃饱饭似的,软绵绵,显得有气无力。在采用虚声时,声带会出现不完全闭合的状态,声门伴有漏气的现象,因此听起来是气多声少的声音效果。因为漏气的原因,就需要频繁补气,这样势必会加重喉部肌肉与呼吸器官的负担。长时间使用虚声,非常容易造成声带肌发声无力症,在听觉上有矫揉造作之感。由于虚声给人的感觉是声调低沉不够昂扬,容易在心理上给人带来不够愉悦的感觉。

有些人由于过度追求明亮的声音,甚至会导致高音失当。指的是脱离自己的自然声区,讲话和歌唱时过分提高音调来发声从而导致高音失当,出现声音发紧、尖亮、刺耳,让人听觉上极其不舒服。这种发声方式会给喉部这个至关重要的发音器官带来额外的负担。用声偏高会导致我们的声带闭合过紧,这样我们的喉部参与发声的肌肉会极易疲劳。为了保护嗓子和平衡声音,要注意音色不要过亮也不要过虚,不要不顾自己的嗓音条件盲目追求明亮的高音和低沉的低音。不恰当的用声习惯,往往与个人对声音的审美和模仿别人的声音有关。有些人喜欢某位歌手、歌唱家或者是某位主持人的音色,就一味地模仿,这种做法从艺术嗓音的保健角度是十分不可取的,在日常生活中我们也要极力避免。

十二、漏气

有些人发声过程中往往会伴随着咝咝的漏气声音,原因就在于声音和气息不协调导致声带闭合不严。在这里我们抛开发声的技术,来讲一下如何让我们的声带在气流通过时,能够合理地闭合。声带闭合是可以训练的,我们可以采取无声练习,直接锻炼声带闭合能力。先深吸一口气,然后张开嘴巴,喉咙也轻轻地松开,然后体会发不出声音、连气也一丝不漏的这种状态。开始做的时候我们的腹部会很累,这个时候声带完全闭合了,所以气息不漏,也无法振动声带使其发声。然后我们让声门稍稍打开漏一点点气出来,也就是让我们的两片声带留一个小小的缝隙,气流通过时让它来发声。此时两片声带之间的缝隙(声门)的大小,完全由我们有意识地加以控制,区别于发声时声门闭合不全导致的漏气。作此练习时一定要控制好气息的流量,深呼吸的同时张开嘴巴、松开喉咙。吸气时把气息控制在腰腹处,要蓄住气,憋住劲儿,不要让气漏出,然后人为控制气息的流量,一丝丝的漏气,然后再憋住、控制住。在这一过程中体会声带关闭和打开的动作,把注意力放在腰腹处和喉头位置,体会气息发力点和声带的闭合点在这一过程中的协调性。经常做这个练习可以很好地锻炼声带闭合的能力,解决发声上的漏气问题。

第七节　教师职业实现科学发声的路径

一、学习歌唱发声的相关技术

实现教师职业科学发声的重要路径之一就是要学习借鉴歌唱发声的相关技术,主要包括呼吸训练和发声训练。

1.呼吸训练

呼吸训练有慢吸慢呼、快吸快呼、快吸慢呼和慢吸快呼四种方式。在呼吸训练中关键一点就是要抓住吸气时气息要深入。不管是快吸还是慢吸,气息一定要吸到我们的肺底,与我们平时的自然呼吸不同,在吸气时想象自己清晨处于空气清新的美丽花园之中,深深地闻了一下鲜花的清香,要有一种沁人心脾的感觉。这样吸气,气才会吸得深入。吸气要用鼻和口同时自然进行,尽力做到平稳轻巧、柔和。不能用过分强制的力量,不能僵,气要向下吸,腰腹处要有明显的膨胀感。切忌不可吸在上胸和心窝处。吸气时要避免耸肩和抬胸的动作。

呼吸训练的第二步也是关键的一步,就是要学会气息的控制,即我们对呼气气息量的有效控制问题。气息吸进来以后,就好比是把钱存到银行,我们需要有效地管理它,更好地为我们的发声服务。一方面我们要避免一张口气息全部流光的毫无节制的现象;另一方面更要避免在发声过程中气息僵住、不流动的问题。我们要掌握技术,要有"理财"的观念,要非常节省地使用我们的气息,要控制好气息的外流量,最大程度地协调好气息和发声的关系。在掌握这门技术时,心理的支配对它也是至关重要的,那就是心理上要有一种"呼中有吸、吸中有呼"的感觉,这就牵扯到哲学当中的对立统一原则,在呼气时要充分利用腰腹挤压推送的力量,在心理支配下把气息缓缓地推送出去。

呼气的控制方法实际上是利用横膈膜的力量把腰腹扩张的感觉一直保持

住。你可以想象自己手里拿一大瓶香油往另一个小瓶里倒灌时那种小心翼翼，憋住气息的感觉，呼气要均匀、舒缓。我们可以准备一张 10 平方厘米大小的薄纸片，放在墙上，距离它 4 ～ 6 厘米，吸气后保持一下，然后用口吹气使之不落地，半分钟以上便为合格。也可以代之以一支燃烧的蜡烛，对着火苗发"U"音，正确的气息是火苗倒而不灭，时间越长越好。这里横膈膜的力量对气息的保持和声音的力度都很重要。

横膈膜的力量练习：

在做练习时我们要掌握"吸提推送"四字原则。"吸提"的气息感觉向里、向上，"推送"的气息向外、向下，在"推送"的同时做气息延长练习和弹跳练习。

方法一：数数字和念绕口令。我们深吸一口气，利用腰腹的力量保持住，从 1 开始数，数到 60 为合格。或者前面介绍的绕口令《数枣》也是很好的练习素材。"吸提推送"的同时轻声快速地数数字"1、2、3、4、5、6、7、8、9、10"，一口气反复数，数到这口气气尽为止，看你能反复数多少次。数数时气息一定要均匀、有节奏，不能偷气或换气。

方法二：吹灰。深吸一口气，然后就像吹掉桌上的灰尘一样往前吹气，节奏是由慢而快，体会横膈膜的力量。

方法三：吹核桃。深吸一口气，然后感觉像要吹掉桌上的一斤核桃一样吹气，此时会明显地感觉到小腹处的弹动。在练习时吹气的节奏要均匀，可以由慢到快地进行。这个练习可以很好的锻炼横膈膜的力量和弹性。

方法四：狗喘气或者是蛤蟆气练习。具体的方法我们在前面已经做过介绍，在此不再赘述。

2. 发声训练

（1）长音练习：这一练习仍是练气为主，发声为辅。练习时最好选择在中音区（或者称为自然声区）来进行，用自己最舒服的音调轻轻地发"啊"音，女生可以发"咿"音。一口气托住，声音出口呈圆柱型波浪式向上、向前推进，能拉多长拉多长，反复练习。

（2）断音练习：这是声、气各半练习。双手插腰或放在小腹处，丹田处托住一口气，在猛烈收缩时同时发声，声音以中低音为主，要有弹性。腹部及横膈膜利用收缩的力量同时弹出。练习方式有以下几种：

A. 深吸一口气，然后把气托住，嘴里发出快速的"劈里啪啦嘛里啪啦"的断音音组，反复 4 ～ 6 次以上才算合格。

B. 一口气绷足，先慢后快地发出"哈、哈、哈、哈⋯⋯"的有节奏的断音，要发到 4 ～ 6 组以上才算合格。

C. 一口气绷足，先慢后快地发出"嘿—吼、嘿—吼"的音组，速度由慢到快地进行，加快到气力不支为止，反复练习。

经过这一阶段练习，就为发声打下了扎实的基础。再发出的声音就比较扎实和流畅。科学发声的相关技术，我们在前面第四章，教师职业嗓音科学发声篇，用了十节的篇幅做过详细的介绍，本章介绍的呼吸训练和发声训练是作为补充练习来设计的。

二、学习正确的朗诵方式

要实现科学的发声，离不开规范的语言，那就是要讲好普通话，养成用气讲话的好习惯，要读准每一个字音。我们先谈一下第一个问题：对吐字的要求。吐字是我们必须掌握的基本功。科学用声对吐字的要求为准确、清晰、圆润、集中、流畅。准确指字音准确规范，发音部位、发音方法及唇形、舌位和字调、语调标准、规范；清晰指字音清晰，吐字清晰要建立在行之有效的发音技巧上；圆润指吐字珠圆玉润，保持丰富的泛音共鸣；集中指发出的声音要集中，声音不要发散，发声过程中发音器官力量相对集中，使声音有目标；流畅指吐字灵活自如，轻快流畅。

第二个问题是吐字归音。吐字归音是字音清楚、准确、完整、饱满的传统发音手段，它是播音员、节目主持人的一项基本功。我们根据汉语语音特点，将一个音节的发音过程分为出字、立字、归音三个阶段，要求字头出字有力，叼住弹出；字腹立字饱满，拉开立起；字尾归音弱收到位，趋势鲜明，通过对每一阶段的精心控制,使吐字达到清晰有力、珠圆玉润的境界。

第三个问题是声音形象问题。枣核形一般是播音专业要求的声音形象,通用于对教师语言的要求。枣核形是民间说唱艺人对吐字过程形象的描述,它体现了汉语语音发音吐字的特点,体现了吐字归音的发声技巧。枣核形指头、腹、尾俱全的音节吐字的状态而言,字头叼住弹出,字腹拉开立起,字尾到位弱收,合起来成为一个两头小中间大的枣核形。枣核形本身是一个整体,是字音在发音过程中咬字器官互相协调,在滑动中完成,整个字音过程有滑动感、整体感。

我们来看一下汉语各个音素标准发音的要领。

a:发音时,嘴唇自然上下张开,舌放平,舌尖轻轻抵住下齿龈,声带颤动。

o:发音时,嘴唇成圆形,微翘起,舌头向后缩,舌面后部隆起,舌居中,声带颤动。

e:发音时,嘴半开,舌位靠后,嘴角向两边展开呈扁形,声带颤动。

i:发音时,嘴微张呈扁平状,舌尖抵住下齿龈,舌面抬高,靠近上硬腭,声带颤动。

u:发音时,嘴唇拢圆,突出成小孔,舌面后部隆起,声带颤动。

ü:发音时,嘴唇呈圆形,接近闭拢,舌尖抵住下齿龈,舌面前部隆起,声带颤动。

b:发音时,双唇紧闭,阻碍气流,然后双唇突然放开,让气流冲出,读音轻短。

p:发音时,双唇紧闭,阻碍气流,然后双唇突然放开,气流迸出成音。

m:发音时,双唇紧闭,舌后缩,气流从鼻腔出来,打开嘴,声带颤动。

f:发音时,上齿轻触下唇形成窄缝,让气流从缝中挤出来,摩擦成声。

d:发音时,舌尖抵住上牙床,憋住气流后突然放开,气流从口腔迸出,爆发成音。

t:发音时,舌尖抵住上牙床,憋住气后,突然离开,气流从口中迸出。

n:发音时,舌尖抵住上牙床,气流从鼻腔通过,同时冲开舌尖的阻碍,声带颤动。

l：发音时，嘴唇稍开，舌尖抵住上牙床，声带颤动，气流从舌尖两边流出。

g：发音时，舌根前部抵住软腭阻碍气流，让气流冲破舌根的阻碍，爆发成音。

k：发音时，舌根前部，抵住上软腭，阻碍气流，让气流冲破舌根的阻碍，迸发成音。

h：发音时，舌根抬高，接近软腭，形成窄缝，气流从缝中挤出，摩擦成音。

j：发音时，舌尖抵住下门齿，舌面前部紧贴硬腭，气流从窄缝中冲出，摩擦成音。

q：发音时，舌面前部贴住硬腭，气流冲破舌根的阻碍，摩擦成音。

x：发音时，舌尖抵住下门齿，舌面前部抬高靠近硬腭，形成窄缝，气流从缝中挤出，摩擦成音。

zh：发音时，舌尖上翘，抵住硬腭前部，有较弱的气流冲开舌尖阻碍，从缝中挤出，摩擦成音。

ch：发音时，舌尖上翘，抵住硬腭前部，有较强的气流冲开舌尖阻碍，从缝中挤出，摩擦成音。

sh：发音时，舌尖上翘，靠近硬腭前部，留出窄缝，气流从窄缝中挤出，摩擦成音。

r：发音时，舌尖上翘，靠近硬腭前部，留出窄缝，嗓子用力发音，气流从窄缝中挤出，摩擦成音，声带颤动。

z：发音时，舌尖抵住上门齿背，阻碍气流，让较弱的气流冲开舌尖阻碍，从窄缝中挤出，摩擦成音。

c：发音时，舌尖抵住上门齿背，阻碍气流，让较强的气流从缝中挤出，摩擦成音。

s：发音时，舌尖接近上门齿背，留出窄缝，气流从舌尖的窄缝中挤出，摩擦成音。

y：发音时，嘴微张呈扁平状，舌尖抵住下齿龈，舌面抬高，靠近上硬腭，声带颤动。

w：发音时，嘴唇拢圆，突出成小孔，舌面后部隆起，声带颤动。

ai：发音时，先发 a 的音，然后滑向 i，气流不中断，读音轻短。

ei：发音时，先发 e 的音，然后滑向 i，气流不中断，嘴角向两边展开。

ui：发音时，u 的发音轻短，然后滑向 ei，嘴形由圆到扁。

ao：发音时，先发 a 的音，然后舌尖后缩，舌根向上抬，嘴形拢成圆形，轻轻的滑向 o。

ou：发音时，先发 o 的音，嘴唇渐收拢，舌根抬高，口型由大圆到小圆。

iu：发音时，先发 i，然后向 ou 滑动，口型由扁到圆。

ie：发音时，先发 i，再发 e，气流不中断。

üe：发音时，先发 ü 的音，然后向 e 滑动，口型由圆到扁。

er：发音时，舌位居中发 e 的音，然后舌尖向硬腭卷起，两个字母同时发音。

an：发音时，先发 a 的音，然后舌尖逐渐抬起，顶住上牙床发 n 的音。

en：发音时，先发 e 的音，然后舌面抬高，舌尖抵住上牙床，气流从鼻腔泄出，发 n 的音。

in：发音时，先发 i 的音，然后舌尖抵住下门齿背，舌面渐至硬腭，气流从鼻腔泄出，发 n 的音。

un：发音时，先发 u 的音，然后舌尖抵住上牙床，接着发 n 的音，气流从鼻腔泄出。

ün：发音时，先发 ü 的音，然后舌头上抬，抵住上牙床，气流从鼻腔泄出，发 n 的音。

ang：发音时，先发 a 的音，然后舌根抵住上软腭，气流从鼻腔泄出，发后鼻音尾 ng 的音。

eng：发音时，先发 e 的音，然后舌尖抵住下牙床，舌根后缩抵住软腭发 ng 音，气流从鼻腔泄出。

ing：发音时，舌尖触下齿龈，舌面隆起至硬腭，鼻腔共鸣成声。

ong：发音时，先发 o 的音，然后舌根后缩抵住软腭，舌面隆起，嘴唇拢圆，鼻腔共鸣成声。

第六章

教师职业嗓音保护

06

第一节　科学发声与嗓音保健的关系

我们研究科学发声与嗓音保健的关系,主要基于以下两个方面的原因。

一、基于审美的角度审视

有声语言属于一门听觉艺术,因此听是带给观众最直接、最直观的第一感受。声音形象的好坏首先是通过听而瞬间建立起来的,它的好坏直接影响到收听到的声音效果。优美的嗓音会给人带来身心的愉悦感和精神上的享受,试想一个沙哑的声音,是很难激发起听众收听的欲望的。还有的人习惯挤卡着喉咙讲话,这种不科学的用声方式,同样会给人们带来听觉上的疲劳感和引发喉咙的不舒适感。因为人的行为很容易受到别人的暗示和启发,我们在听别人讲话的时候,对方的言行举止会不自觉地影响到自己,无论是从讲话的语态、表情还是发声器官的动作等等,我们都会下意识的跟着运动,这就是为什么在进行发声训练学习时,专业老师要求多听名家作品的缘故。因为在收听和观摩的过程中,可以帮助我们树立正确的声音概念,和建立良好的发声状态。科学的发声方法可以挖掘出嗓音的内在潜能,在自身条件下,令嗓音更加优美动听。

在科学发声的基础上,嗓音保健可以令我们的嗓音更加健美。嗓音是一个综合了人的心理、生理及日常行为习惯等等方面因素的整体。因此研究嗓音问题必须要从整体出发,综合进行分析和研究,才能收获美好的嗓音。对于职业用嗓者来说除了科学用声外,注重日常的嗓音保健是十分必要的。在我们平时所食用的食物中,蕴含着多种人体所必需的对嗓子有益的维生素和矿物质,如果缺乏的话,就会影响到整个人体的健康。比如缺乏维生素 A,鼻咽喉部易发干、发炎。维生素 C 缺乏,易导致鼻黏膜出血和声带无力。B 族维生素能维持耳鼻喉的正常功能。因此,对于职业用嗓者来说,特别要注意从饮食中补充维生素 A、维生素 C 和 B 族维生素，应多食用有利于保护嗓子的食物，如：苹果、梨、西红柿、香蕉、蜂蜜、鸡蛋等。这些清淡食物有益于润喉、清嗓和开音，并含有多种维生素和无机盐，对维持嗓音健康有益。

在日常生活中，我们要注重嗓音的保健，必须掌握科学的发声方法，才能从真正意义上做到嗓音的保健。在发声的过程中，我们主要是通过嘴巴的大小和调节舌头的形状来控制声道的形状，因此才有开口音和闭口音的区别。口腔打开得是否充分（特别是内口腔）和舌头是否灵活在发声中显得尤为重要，掌握科学的发声技术，一定要注意以上两个问题。在练习的初期，基础练声曲选择元音时，一般会选择开度比较大的单元音进行练习，比如：a 元音。因为发单元音时，口型、腔体、声道的形状等相对比较稳定，对于初学者来说有利于建立稳定的发声状态。在发声训练过程中，常常用到"a、e、i、o、u"五个元音，这五个元音有不同的咬字着力点，最靠前的是"i"元音，沿着上口盖从前向后依次是"e、a、o、u"。这五个元音具有不同的声音色彩，"i"元音音色最为明亮靠前，"u"元音是最靠后的，音色偏暗淡。在具体练习中，这五个元音可以单独拿出来练习，也可以组合练习，每个元音都具有不同的训练要求和目的。"i"元音属于窄元音，可以体会声音的高位置，同时还可以解决声音后倒的问题。发声时为了获得声音的和谐统一，还要遵循"窄音宽唱""前音后唱"的原则，所以发 i 元音时，内口腔打开得要更充分些，咬字的着力点可以适当向后推移。"a"元音可以体会充分打开口咽腔。多练习"u"元音有利于建立管道意识。

辅音选择要在这些单元音较为稳定后，单元音和不同的辅音相结合，组成不同的音节加以练习。因为语言的构成不只是单有元音字母，它还有辅音字母，两者一起构成汉字的声母和韵母，即字头、字腹和字尾部分。在发声训练中常常用到的辅音字母是鼻韵母"m、n"，这两个鼻韵母非常有利于建立声音的高位置，获得明亮的声音效果，因此经常用作发声的辅音和五个元音搭配使用。元音字母是能唱得响的字母，辅音字母唱不响，它主要起着分割音节发挥区别语义的功能。不同的辅音具有不同的发音部位和发音方法，它必须和元音一起协调一致、流畅地完成整个语音的传送过程，才能使声音连贯、字音清晰。这就牵扯到发声和咬字吐字的协调性问题。如果这两个方面不能很好地统一起来，就会出现"有字无声"或者是"有声无字"的情况。因此我们在选择和元音结合的辅音时，不要仅仅练习有利于获得共鸣的鼻辅音，其他塞音、擦音、塞擦音等各类辅音都要全面加以练习，这样才能更好地运用于实际声乐作品的演唱。在声音训练的初级阶段，对于练习的素材，可以选择一些简单的练声曲进行练习，练习时可以选用单个的元音、元音和辅音的结合，也可以是用唱名唱歌谱。练声曲一开始不要太复杂，一般选用较短的级进式音阶。在进行上一般以下行音阶为主，避免选用大跳音程和复杂的旋律进行练习。在练习时要根据具体情况制订训练方案，不能千篇一律。要注重中低声区的基础性练习，等到中低声区的基础打扎实了，再去做一些扩展音域的练习，分别发展高音区和低声区。如果在训练的初期盲目追求高音，或者是演唱自己难于驾驭的作品，很容易造成发声器官的疲劳，诱发嗓音疾病。比如声带小结（声带茧）的发病部位一般处于声带的前三分之一处，即前联合部位。发高音时，声带振动主要是以前端为主，如果不具备演唱高音的能力，发出的声音就缺乏强有力的气息支持，导致声带前端两侧的摩擦，时间久了声带就会磨出"茧子"，即声带小结。所以在选择作品时，一定要量力而行，不要贪大。要选择适合自己学习程度的作品演唱才能不损伤嗓音。从艺术审美的角度衡量演唱水平的高低，不是基于演唱作品的大小和难易程度，而是基于最终获得的声音效果的优劣和艺术修养的高低。在演唱过程中，科学的发声方法是技术载体，它是使嗓音变优美的坚实的物质保障，离开了它就很难获得良好的声音效果，当然也无法谈及嗓音的保健问题。

二、基于嗓音健康的研究

我们谈科学发声最终是为了在获得美好嗓音的同时，达到维护我们嗓音健康的目的。在日常生活中，由于人个体上存在着较大的差异性，因而就会出现不同的用声情况。有的人善于控制自己的情绪和用声状态，而有的人因为不能很好地控制情绪,就会出现用声偏激的问题。比如情绪激动时眉飞色舞、滔滔不绝;生气时怒不可遏、暴跳如雷;悲愤时失声痛哭、呼天抢地,出现口干舌燥、咽喉疼痛、甚至是哭哑嗓子的现象。这些生活里用声偏激的情况对职业音声工作者来说无疑都是大忌,过分的喜怒哀乐会直接影响到嗓子的健康。因此应该注重加强个人的修养,无论遇到何种情况,都要善于控制自己的言行和情绪,做到"泰山崩于前而色不改""临危不乱""临乱不惑",时刻保持稳定的情绪和愉快的心情,做情绪的主人,不做情绪的奴隶。以利于嗓音的健康和延年益寿。对于职业用嗓者来说,要想维护嗓音的健康,除了在日常生活中控制好自己的情绪外,还应该特别注意讲话时用声的方式,要做到科学使用嗓子,学会松开喉咙,在气息的支持下发声。同时还要注意讲话要有节制,不可滥用嗓音。一个注重嗓音健康的人,无论是在生活语言还是在工作语言上,都是非常注意自己用声方式和发声状态的,以此维护嗓音的健康,永葆嗓音的青春。

　　嗓音的健康状况与我们日常的饮食习惯有很大的关系,它对发声质量的高低有较大的影响。在梨园界有一种饱吹饿唱的说法,饿唱不是空着肚子演唱,而是演唱前不要吃得过饱、过撑。语音发声是说的艺术,在这一点上与唱是同样的道理。因为吃得过饱、过撑,胃膨胀影响横膈肌的上下运动,使胸腔不能自由地扩张和舒展,从而造成气短影响发声的质量。因此,适量饮食是发声时的一种需要,同时适量饮食也有益于身体的健康。平日饮食要注意做到定时定量,不要挑食和暴饮暴食。要讲究膳食营养搭配,做到合理均衡,不要饥一顿饱一顿。做到饮食有节,养成良好的饮食习惯。在用声时还要注意其他一些方面细节对嗓音的影响,比如"唱前不运动,唱后不喝冰"。意思是说:在演唱用声之前,不要进行剧烈的体育运动,大量用声后,不要马上喝冰的凉的饮料。因为剧烈运动后会导致口干咽痒,声带会出现不同程度的充血,此时如果马上用声,就会加重嗓子的负担使嗓音疲劳。应该在剧烈运动后休息两个小时再用声是比较合理的。在大量用声后如果喝冰冷的饮料和凉水,对咽喉造成很大的刺激,引起嗓音上的不适,从而影响嗓音的正常工作。平时尽量少吃辛辣刺激性的食物为宜。南方人喜欢吃辣椒对嗓音的影响不大,原因是南方天气多湿润,辣椒具有很好的除湿功效,有益于身体健康。而北方天气多干燥,如果多食辣椒等刺激性食物,很容易口舌生火,引起嗓子干燥、肿胀或者是疼痛,所以北方的朋友还是尽量少吃辣椒。

烟酒对嗓音健康影响最大,因此应该禁烟控酒。抽烟和过度饮酒不仅危害到嗓音的健康,还会危及我们整个身体的健康。有些人喜欢酒后开嗓、提神儿,从艺术嗓音保健学的角度出发,这是不可取的。感觉饮酒后喉咙会松开,声音会更好,其实这在一定程度上是人的一种错觉。因为酒精会刺激声带、麻痹神经,所有的感觉只是一种自我的主观感觉,不是声音的客观呈现形式,发声是在人的神经系统调控下的受大脑控制的运动过程,酒精往往刺激和麻痹人的神经系统,在发声时很容易导致发声行为失常,出现发声上的不协调。

感冒对嗓音的影响非常大,它多是由于身体过度疲劳或受到病菌感染后引发的。它可直接诱发上呼吸道炎症,出现红、肿、热痛和机能障碍。感冒发生时,鼻腔、咽部、喉头、声带、气管等部位的黏膜质会出现充血,造成急性咽炎,使原来的管腔相对变窄,影响正常的共鸣,造成发声上的不便。如果在感冒时大量发声,炎症和充血现象会愈发严重,更不利于嗓音的恢复。因此感冒后要注意发声休息,控制用声的量,尽量少说、少唱或者是不说、不唱。在发声实践中,有时还会出现这样的情况:感冒时发声的质量和感觉反而比平时更好。其实这是部分声带病变后发声时才会产生的感觉,比如声带闭合不全者和声带沟患者。感冒时声带会出现不同程度的水肿和充血,原先不闭合的声带,此时因为炎症引起的声带水肿,声带闭合不严的症状会得到很大的改善,较以前会闭合得更好一些,因此用声时自我感觉要比平时更好一些。这与女性生理期发声的感觉,反而比平时要好很多是一样的道理。从嗓音保健的角度考虑,此时更应该注意要发声休息,节制用声。不要因为感觉比平时良好,就盲目地抓住机会,加大用声的力度和强度。因为当声带处于亚健康时,大量的用嗓会加剧嗓音恶化的程度,等炎症消除后,原先的声带疾病在依旧存在的情况下,还会较以前更为严重,这样周而复始就会造成恶性循环,严重影响到嗓音的健康,因此应该格外引起重视。感冒以预防为主,嗓子是人体的一部分,它的健康状况与全身的健康密切相关。为了维护嗓音的健康,保持良好的发声状态,平时一定要注意锻炼身体,选择适当的体育运动,以增强身体的免疫力和抵抗病菌的能力。过去在艺术界有"冬练三九,夏练三伏"之说,这句话既包含了身体上的锻炼,同时也包含了发声上的训练。

发声是全身心的运动,它依赖于身体各个方面的健康状况,身体健康嗓音才有可能健康。因此平时需要在科学发声的前提下,除了注意控制好情绪、养成良好的饮食习惯和积极锻炼身体预防感冒外,还要注意增强嗓音保健的意识,养成定时到专业嗓音机构检查嗓子的习惯,做到发现病灶及时诊治,防患于未然。声带处于我们的喉室中,从外观上根本看不到,发声时我们也感受不到,因此必须借助喉镜,专业医师才会看到。为了方便随时了解自己的嗓音健康状况和及时发现嗓音病变,职业嗓音工作者也可以学习自查嗓子,方法介绍如下:

准备一支间接喉镜、额灯、酒精灯(或者是一杯热水)和一面小镜子。

1. 咽喉部的检查

把间接喉镜在酒精灯上稍稍烤热(没条件的可用热水代替),以防镜面起雾。张开嘴巴,舌头努力前伸,也可用纱布裹着舌前部,轻轻将舌头拽出口外,颧骨部位向上、向前抬起,对着额灯打到小镜子的灯光,使光线照到舌根和小舌头周围,令口咽部完全暴露在小镜子里,然后观察咽喉部位的黏膜颜色、充血程度、两侧的扁桃体是否肿大、充血或者是其他异常情况,咽弓、咽峡黏膜是否充血、后咽壁是否伴有充血或淋巴滤泡以及整个舌面的颜色是否正常等等。

2. 间接喉镜的自查

先前的步骤同咽喉部的检查,将间接喉镜放于舌根部位,咽喉部不敏感的还可以直接把喉镜抵在后咽壁上,注意要调整好喉镜镜面的角度,一般为45度角的倾斜,然后发延长的"i"(衣)元音或者是"ei"(类似于英文字母的A的读音),声带上方的会厌要竖起,才能看到整个声带的图像。在发声过程中,首先要仔细观察会厌的颜色,是否充血和肿胀,有无增生物,然后看声带的颜色是否正常,有无充血、水肿的情况。再观察声带闭合状况是否良好,边缘有无分泌物和突起等。

间接喉镜的检查在一开始会存在一定的难度,需要多次练习,待动作熟练后才能掌握。检查时一定要使声带充分暴露出来,不能仅仅是声带的后端,检查才具有意义。因为声带病变的部位多发于声带的前端,例如声带小结、息肉等嗓音病变,如果仅仅看到部分声带就下结论,诊断结果就显得片面、不准确。

通过以上论述我们可以看出,科学发声与嗓音保健的关系是互为依托、相辅相成的。嗓音的好坏与本身发声是否科学有很大的关系。科学的发声方法不仅不会损害嗓音的健康,反而会令嗓音更加健美。由此可见,科学的发声本身就是对嗓音最好的保健,而嗓音保健又为科学发声提供了前提条件和物质基础,两者之间彼此影响、彼此支持和彼此成就。

第二节　嗓音保健知识

嗓音保健工作主要集中在发声教育、嗓音保健和发声矫治三方面的内容。在诱发嗓音疾病的各种因素中,发音滥用、误用以及不正确的用声方式是一些嗓音疾病的主要诱因。"声病还需声来治",声音上的问题还需要从"声病"的根源上出发,研究一切与发声相关的行为是否科学。发声教育是嗓音治疗的重要组成部分,首先告诉患者要充分认识到嗓音病的主要诱因、认识到科学发声的必要性和了解正确的用嗓方式。帮助患者分析其自身嗓音病的致病因素有哪些,针对患者制订的具体治疗方案和对患者的要求等等。

嗓音保健是发声治疗的另一核心部分。主要包括减少嗓音的滥用,学习科学的发声技巧等等。嗓音保健应该树立整体观念,从生理、心理、性格、环境等诸多方面综合考虑各种致病因素,达到"防大于治"的目的和建立"声病还需声药治"的观念。

一、心理因素的影响

我们的嗓音是一件无比精妙的"肉质乐器",早在魏晋时代,《世说新语》就有"丝不如竹,竹不如肉"的说法。我们人声乐器是任何材质的乐器不可比拟的,普通的乐器坏了,可以重新换新的或者修理好而并不影响它的使用,但是如果我们的"肉质乐器"出了问题就不是简单的换掉或修理的问题了,它具有不可复制性。

我们的发声器官和发声动作都是受心理因素支配的,唱歌时心理过度紧张、恐惧、胆怯等,都会造成局部的过度紧张,从而影响到发声运动整体的协调性,导致发声器官和声音上出现异常。比如口干舌燥、胸闷气短、嗓子发痒等等,声音会容易冒调、塌调。另外,人的情志也会影响嗓音发声。中医称"七情致病""暴怒失音"就是指的人的"喜、怒、忧、思、悲、恐、惊"这七种不同的情志会影响到嗓音的变化。

部分人在日常生活中说话或者唱歌时,发声长期处于一个不健康的状态,导致嗓音疾病的产生。常见的嗓音病有声带炎症,水肿,小结等。形成病症之后,声带就会闭合不紧,形成声带漏气,声音变得松散嘶哑。嗓音修复的方法是用正确的发声技术来做发声练习,使声带得到一个物理的按摩和闭合运动,从而达到消炎、修复的效果。在修复的同时,让患者学会正确的发声方法,以防复发。所谓修复声带更多指的是让声带能够以一个良性积极的状态运作,摆脱过去不良习惯,使声带得以修复,肌肉得以放松和锻炼。

二、生活饮食的影响

作息时间不规律、睡眠不足、睡前进餐、无辣不欢等饮食习惯等,都会导致嗓音疾病的产生。特别是歌唱演员多在晚上排练和演出,演出完以后人的情绪往往还处于兴奋状态,睡觉的时间一般较晚,再加上有的演员还有晚上吃夜宵的习惯,这些习惯都会影响到嗓音的健康。

慢性咽喉炎谈不上是什么大病,但咽炎症状让患者倍感煎熬。慢性咽炎是由于长期不健康用嗓导致的慢性嗓音疾病,它具有持续时间长、反复发作和难于根治等特点。它多发于成年人,在城市居民中发病率占咽喉疾病的 30% 至 50% 左右。

慢性咽炎为咽黏膜、黏膜下及淋巴组织的慢性炎症,很难自行痊愈、经常反复发作。慢性咽炎要针对病因,有的放矢地进行预防和治疗。慢性咽炎患者千万不要自己随便服用抗生素,最好在专业医师的指导下适量使用。因为慢性咽炎不是由细菌感染引发的,滥用抗生素可能导致咽喉部正常菌群失调,引起二重感染。另外,抗生素对人体有副作用,会对人体造成危害。

"喉部按摩"四步法全程用时仅需 5 ~ 10 分钟,不受场地限制,随时随地都

能做,它可以起到很好的嗓音保健作用。"按摩"四步法的具体步骤如下:

首先用食指和中指在下巴下面旋转按摩,按摩时要稍微用力,感受到下巴下面微痛即可;拇指和食指在下巴下面两边的内侧肌肉,从前往后地按摩;拇指和食指旋转按摩颊舌间隙,拇指和食指在脖子两边内侧中间处稍微往内按,找到舌骨后往下摸,摸到舌骨下凹陷,这就是颊舌间隙,拇指和食指从后面稍软的位置往前面按摩;拇指和食指上下来回按摩脖子两边内侧肌肉。

口腔拉伸操:口腔的拉伸动作包括抬头张嘴、横向张嘴、半打哈欠。把头固定后张嘴即为抬头张嘴;嘴唇往前作"o",随后往两边作"e",整个过程中嘴唇不发声,即为横向张嘴;半打哈欠,即把嘴张开维持 5 秒。

软腭拉伸操:在做口腔拉伸操半打哈欠的同时做吸气动作,即升降软腭,这是较好的拉伸软腭的方法。

嘴唇拉伸操:拉伸动作包括咧唇、撇唇、绕唇,即撅起嘴唇,做上、下、左、右、绕圈的动作。

舌体拉伸操:舌体灵巧,有多种拉伸动作供选择,分别有舌尖钩卷、舌尖伸缩、舌尖绕唇、舌尖顶颊、舌体翻转。舌尖钩卷,先把舌头缩回去,感觉舌头中间"被拉直了",再快速往前、往下伸,此时感觉舌头后面有紧绷感;舌尖伸缩,先把舌头卷回去,再快速把舌尖顶到下牙齿;舌尖绕唇,在嘴唇和牙齿之间做绕圈的动作;舌尖顶颊,食指放在两颊,舌尖用力"顶"手指。

"发声肌群军训操"可分三部分,一是呼吸肌的耐力及爆发力训练;二是喉外肌群的耐力训练;三是发声肌群的协调训练。呼吸肌的耐力及爆发力训练最好在床上进行,放松状态下训练效果最佳。第一点是做腹式呼吸,吸气,感受小腹"凸"起来;呼气,感受到小腹"凹"下去。第二点是吸气,感受到小腹"凸"起来后发"si"音,这可提高发声耐力。第三点是"狗喘气",这可提高换气效率。

喉外肌群的耐力训练:主要是运用舌骨交叉固定对抗牵拉法,拇指和食指找到舌骨后,分别按在舌骨两侧,用力吞咽,注意此时不要吞下去,而是维持这个动作,反复几次后可起到拉伸肌肉、增加肌肉力量的作用。

发声肌群的协调训练：如音阶发声贯通练习，朗诵、吟诵、绕口令呼吸发声练习，歌唱发声训练等。除了练习"嗓音操"，均衡饮食、摄入充足的水分、控制鼻部、咽部、喉部、消化系统相关疾病，也是"永葆嗓音青春"的方法。嗓音保健并非一朝一夕就可完成，一蹴而就的保健方法并不可行，每日应抽出合适的时间完成嗓音保健。要养出一副好嗓音单靠嗓音训练还不够，"耳鼻喉"需要齐给力。耳、鼻、喉之间是息息相关的，耳朵和鼻子出了问题，也会影响嗓音。

我们通过对影响嗓音的心理因素和生活饮食方面的分析可以看出，嗓音保健工作涉及我们生活的各个方面，它与人的心理、生理、生活起居、饮食习惯等都有密切的关系，因此它是人身心健康的一种体现。我们大体上可以概括为以下两个方面的内容：

养成良好生活习惯，保证身体健康。临床实践证明，良好的生活习惯对嗓音保健具有重要的意义。从嗓音疾病的各种诱发因素来看，不良的生活习惯占有一定的比例。比如生活、起居、饮食毫无规律：长期熬夜导致睡眠不足，黑白颠倒，白天睡觉，晚上工作；平时喜欢暴饮暴食，饥一顿，饱一顿；喜欢吃辛辣刺激性食物和过烫、过热食物或冷饮；长期吃夜宵的习惯或晚饭吃得过晚或过饱；长期抽烟酗酒等等。这些不良的生活习惯对嗓音健康十分不利，其中特别是睡眠不足、晚餐时间过晚和长期抽烟酗酒对嗓音影响最大，很容易诱发嗓音疾病。因为睡眠不足容易引起嗓音疲劳，晚餐时间过晚很容易诱发反流性咽喉炎，抽烟和酗酒同样也是诱发慢性咽喉炎的重要因素。平时一定要养成良好的生活习惯，做到起居有时、饮食有节。

在保持身体健康的同时，要注意心理健康。嗓音保健除了平时要养成良好的生活习惯、保持身体健康外，也要注意心理健康。由于人心理的变化会引起人各种情绪上的变化，从而影响嗓音健康。如果一个人长期处于心理压力过大的状态，势必会影响到身体内各脏腑之间的协调和均衡，容易引起内分泌失调，从而影响到嗓音健康。良好的心理状态可以令人心平气和，精神畅快，有益于身体健康。身体健康，免疫力就会增强，就不容易生病，就有利于维护嗓音的健康，两者相辅相成,相互影响。

三、气候、环境影响

对于嗓音的保健,气候的变化有时候也会影响到嗓音。由于寒暑冷热的骤然变化,气压的陡然变化,气温的剧烈升降,空气的干湿波动,水土习惯的变迁(旅游或者出差的人感觉明显)以及空气污染,还有有害气体和粉尘对嗓音的刺激因素等,都会直接或者间接地引发嗓音疾病。因此,平时要做到寒暖当心,注意天气变化,及时添换衣物。根据一年四季不同的气候变化养护好嗓子。比如秋天气燥,注意饮食要清淡、多吃润肺、生津止咳的食物和水果;避免在高温环境下作业和在充满烟雾的演出场所及噪声特别大的环境里大声讲话和歌唱;寒冷天气要注意喉部的保暖,出门时尽量不要让颈部和喉部暴露在外面,脖子部位可以系一条围巾以利于喉部的保暖。

总之,嗓音健康是人整个身体状况和一些外在因素影响的综合体现,对于从事教师职业的人群来说,嗓音保健最重要的就是要远离慢性咽炎。

教师是用嗓时间较长的人群,也是患咽喉疾病较多的人群。据专家介绍,有些教师长时间被慢性咽炎、慢性喉炎、声带小结、声带息肉等疾病困扰,提醒教师朋友们,不要长时间用声,尤其是女性教师在感冒及生理期要避免发声疲劳。

慢性咽炎是常见的疾病,该病和气候干燥寒冷、空气质量有密切关系。教师每天都要讲课,在课堂上为了提高学生的学习兴趣,让他们更集中听课,还常常需要提高嗓音。慢性咽炎主要表现为咽部的不适,发干、异物感、恶心、干咳等。大多数患者表现为咽干,分泌物减少。有的人可能会有不自觉的清嗓子动作。

防治慢性咽炎要求教师增强对声带、嗓子的保护,日常尽量避免吃过甜或是过咸的食物,尽量避免吸烟喝酒。少吃或者是不吃煎炸的食物,少碰辛辣有刺激性的食物。提醒教师朋友,学会养护嗓子,可以在讲课过程中多喝水,保持体内水分平衡,滋润声带黏膜。

慢性喉炎是教师容易患上的疾病,慢性喉炎最主要的一个症状就是声音嘶哑,也就是声嘶。患上慢性喉炎的教师还会有喉部分泌物增多的表现。笔者了解到,在很多人眼中,声嘶是一种日常常见的症状,根本不用在意。不少教师由于长时间用嗓,对声带的保护意识并不强,出现声音嘶哑也不放在心上,以至于延误了病情的诊治。提醒教师朋友,慢性喉炎多为急性喉炎反复发作或是延误治疗而转为慢性的。当出现声音嘶哑,亦或是有急性喉炎症状时,不要因为症状不严重就忽视治疗。

除了慢性咽炎、慢性喉炎外,教师还容易患上声带小结和声带息肉。声带小结是声带边缘出现小结节,患上声带小结的教师会出现声带嘶哑的症状,或者是间歇性的声音嘶哑。有小结的喉部并不会感到疼痛。声带小结很容易被误诊,如果有声音嘶哑的症状,要及时到医院就诊排查病因。

患上声带小结的教师可以短期禁声,在感冒期和生理期的女教师尤其要注意避免发声疲劳。很多人觉得声带小结一定要经过手术才能好。对此解释,医生会根据患者声带小结的情况给出治疗方案,有的声带小结可通过保守方式治疗,在禁声等治疗方式下恢复正常。

用嗓过度,或是经常性大喊大叫都会导致声带息肉。不光是长时间发声不当会导致声带息肉,一次强烈的发声之后也会出现声带息肉。声带息肉的一个主要症状就是声音嘶哑。教师的职业特点让他们比较容易招惹上声带息肉,尤其是那些步入中老年的教师,以及有吸烟习惯的教师,都要警惕声音嘶哑的出现。该病严重时还会出现不同程度的呼吸困难,提醒教师重视声带息肉的问题。

教师要重视声带、咽喉的保养,学会让声带休息,避免窃窃私语,窃窃私语对声带的损害比正常说话要大。教师朋友不要过高或是过低地说话,说话时注意胸腹部的呼吸,必要时需到正规医院检查和治疗。

四、嗓音保健二十一法

（1）注意体育锻炼,选择适当的体育活动,增强体质。经常锻炼身体,运动能使嗓音更优美。

发声器官的健康是依赖于整个身体状况的。日常注意体育锻炼是十分必要的。选择适当的体育活动,如长期进行举重、推铅球、短长跑等等激烈的运动就不适合,特别是在练声前后,不要进行激烈的运动。

(2)精神上要有张有弛,保持心理健康。

神经衰弱会造成发声器官失调,造成喉肌弱症、喉神经瘫痪和声嘶。神经长期处于紧张状态,发声时心理负担过重,容易形成心理源性发声障碍,产生吐字迟缓、不能控制的重复发音、喑哑声嘶、甚至完全失声。

(3)注意控制讲话的声调不要太高,心态平和,脾气不要急躁,注重加强个人修养。

(4)采用自然的语调讲话,不要长期刻意地模仿某种音色讲话或歌唱。

(5)嗓子不舒服的时候,尽量少讲话,不要讲悄悄话。

(6)嗓子有异物感时,可以采用喝温开水或吞口水的方式缓解,一定不要连续清嗓子。

(7)注意讲话时,要远离嘈杂的环境。如果避不开,要做到尽量少讲话或不讲话。

(8)改掉长期熬夜的习惯,成人保证每天大约 8 个小时的睡眠时间。

(9)感冒、女性生理期、身体疲劳时少说话。

女性在生理期,声带往往处于水肿或充血的状态,此时如果长时间用嗓,就会加重声带负担,危害嗓音的健康。

(10)多喝水,保持喉部湿润、改掉长期抽烟和酗酒的习惯。

烟草中的尼古丁对声带的刺激很大,长期抽烟会导致声带黏膜干燥、充血,使声带变得肥厚,从而影响嗓音质量。酒精主要是对喉部造成直接刺激,容易使声带水肿和充血。

(11)注意控制讲话的时间,时间不宜太长,要给喉咙充分的休息时间。

(12)注意控制讲话的力度和节奏,声音不要过强,语速不要过快,讲话宜缓不宜急。

（13）不要大笑不止或嚎啕痛哭。

（14）禁止挤、卡、压着喉咙说话。

（15）合理膳食。

避免进食自己不习惯的刺激性食物,如:有人吃了含糖量高的食物会引起暂时性声哑,不习惯就不要用。

（16）睡觉前三个小时要空腹,避免引起反流性咽喉炎。

（17）谨慎用药。

长期服用一些药物可以引起嗓音的变化,出现口干、声音嘶哑。比如一些镇咳药,比如:咳必清、咳美芬等,里面的阿托品成分会使腺体分泌减少而引起口干声嘶。还有些激素类的药物比如睾丸酮,长期使用会引起声音变粗。

（18）每天坚持用淡盐水或复方硼砂溶液漱口可消除炎症,保护嗓子。

（19）适量补钙。

钙可以使人体骨骼发育健壮,肌肉发达,精神饱满;还可以保持体内水和电解质平衡,缓解炎症以及美白皮肤;并能抑制有害病菌的入侵,增强人体的免疫力。

（20）经常检查嗓子。

播音员、主持人、歌手、教师等职业用嗓人群,有病及时就医、治疗。

（21）讲好普通话。

汉语普通话是以北京语音为标准音,以北方话为基础方言,以典范的现代白话文著作为语法规范的汉民族共同语。语音的规范会直接影响到语言的艺术效果。运用不规范的语音,表达就会缺少艺术魅力,缺少动人的色彩。发音上的缺陷会给听众、观众的语言和思维带来影响。

后 记

在日常生活中笔者经常遇到周围的朋友、特别是从事教师职业的人,向自己请教如何科学发声和保护嗓子的问题。鉴于此,笔者一直想把自己多年从事声乐教学和艺术嗓音的经验组织成文字以飨读者,只因平时一直忙于教学工作使得自己没有足够的精力来完成心中所愿。

随着我国嗓音医学的蓬勃发展,笔者于 2015 年加入中国艺术嗓音协会,同年有幸结识了北京中央音乐学院嗓音研究所著名嗓音专家韩丽艳教授、湖南省艺术研究院的张勇军教授、河南省嗓音专家梅祥胜教授和山东省话剧院周跃先主任,自此以后开始了我的艺术嗓音研究之旅。曾一年内三次到湖南,潜心向张勇军教授学习艺术嗓音,并在其助理谭芳茂医师的帮助下,顺利完成了"艺术嗓音职业病防治"专业。学习结束后,笔者一面在学院担任声乐技能课的教学;一面利用课余时间,潜心研究艺术嗓音的科学发声和嗓音病的矫治及防治,并于 2016 年在山东潍坊成立了优丽雅艺术嗓音研究室,面向社会积极开展嗓音病宣传和普查工作。近几年来笔者多次应邀到自己所在地的中小学、培训中心和大中小型企业做嗓音专题报告,利用自己声乐专业的优势,创造性地开展嗓音病矫治工作,治愈数例因发声不当而导致嗓音疾病的患者,在社会上产生了较大反响。很多嗓音病患者慕名前来学习科学发声的知识,其中有音乐学院的学生、教师、歌手、电视主持人等。

笔者对艺术嗓音的热爱有个中的缘由,在 20 世纪 90 年代笔者作为一名声乐教师,曾经亲眼目睹一个学生在声乐大师课上嗓子突然失声,那一幕深深刻在笔者的记忆中,大师课结束后笔者带那名学生到附近医院检查,查出的结果是急性水肿型声带小结。后来笔者带着那名学生辗转来到山东济南话剧院,找到了著名嗓音病老专家周跃先主任,周主任详细询问了病情并检查了学生的声带,讲述了几种常见嗓音疾病的致病因素。从那刻起笔者就在心里埋下了学习艺术嗓音的种子。

　　作为一名声乐教学工作者和演唱者,笔者发现他们虽然掌握了科学发声的技能技巧,但是仍然会经常遇到嗓音问题,受嗓音病的困惑和折磨,究其原因最关键的一点就是他们对嗓音病的认识还不够。实践证明:会唱歌不见得在日常生活中会很好地利用嗓音讲话。有些歌者或声乐老师歌唱时嗓音是纯净明亮的,但一开口讲话喉咙却是嘶哑的,这从嗓音医学的角度上来讲,属于话声异常的范畴,是一种不正常的现象。因为良好的讲话习惯是科学发声的基础和前提,是嗓音保健的基石和嗓音永葆青春的重要因素。话声异常会慢慢影响到歌唱的嗓音,使歌声出现异常。因此要引起高度重视,不容忽视。但是在日常生活中,绝大多数人对此重视程度不够,直到出现较严重的嗓音问题,才开始关注自己的嗓音健康,到处寻医问药。较轻的嗓音疾病通过保守治疗还能治愈,较严重的嗓音疾病就不得不面临手术的危险。鉴于以上原因,笔者在学院开设了全院公共选修课"艺术嗓音与保健"和"职场语言的用嗓技巧",向广大师生普及嗓音知识,让大家充分认识到嗓音保健的重要性和必要性。

参考文献

[1] 王晓雨,彭鑫,杜建群,李丽,林鹏,张圣池,杨宝琦,王桂萍,吕倩 . 声带沟患者最小声门面积与嗓音声学指标的特征及相关性研究 [J]. 听力学及言语疾病杂志 . 2014（01）: 31–33.

[2] 陈维信,黎东霞,张萃,官炜 . 噪声对作业工人心血管系统和听力的影响分析 [J]. 齐齐哈尔医学院学报 . 2013（15）: 2273–2274.

[3] 王革,钟渠,郑桃晓 . 声乐专业学生嗓音疾病调查分析 [J]. 听力学及言语疾病杂志 . 2012（02）: 111–112.

[4] 李淑洁,张峰,张卓,高振峰,吕凌燕 . 儿童声嘶病因分析及干预（附 89 例报告）[J]. 中国耳鼻咽喉颅底外科杂志 . 2009（02）: 121–123.

[5]Yung Chih Lai. Laryngopharyngeal reflux in patients with reflux esophagitis[J]. World Journal of Gastroenterology. 2008（28）.

[6] 杨烨,王建群,高下 . 南京市中小学及幼儿园教师嗓音疾病的调查 [J]. 南京医科大学学报（自然科学版）. 2008（02）: 269–270.

[7] 黄冬雁,杨伟炎,于萍,韩东一 . 声带息肉发病危险因素的病例对照调查 [J]. 听力学及言语疾病杂志 . 2008（01）: 42–45.

[8] 胡春潮,童务华,李涛 . 嗓音主客观分析在嗓音疾病诊断中的应用 [J]. 听力学及言语疾病杂志 . 2007（06）: 480–481.

[9] 陈争明,范静平,杨毓梅,周舒 . 63 例声带白斑的嗓音分析 [J]. 第二军医大学学报 . 2006（08）: 826–828.

[10] 刘韵,张道行,刘永祥 . 不同噪声环境中嗓音声谱特点 [J]. 听力学及言语疾病杂志 . 2005（03）: 173–174.

[11] 杜瑶. 论高校教师的嗓音保健与训练 [J]. 兵团教育学院学报. 2008（04）: 83-84.

[12] 刘湘. 论声乐教学的两种语言 [J]. 黄钟（中国. 武汉音乐学院学报）. 2008（03）: 179-181.

[13] 杨和钧, 张道行. 我国嗓音医学研究现状 [J]. 中国医学文摘（耳鼻咽喉科学）. 2006（05）: 280-281.

[14] 孙伟. 音乐专业学生咽喉部疾患现状及预防对策 [J]. 中国学校卫生. 2006（08）: 726.

[15] 姜华敏, 倪淑萍. 教师嗓音疾病寻因与防治对策 [J]. 星海音乐学院学报. 2006（02）: 100-103.

[16] 刘运墀. 歌唱嗓音矫治的研究 [J]. 艺术科技. 2005（04）: 36-38.

[17] 黄冬雁, 于萍, 杨伟炎, 韩东一. 患者自我评估与嗓音声学分析的比较 [J]. 听力学及言语疾病杂志. 2005（02）: 94-97.

[18] 赵震民. 青少年变声期的嗓音保健与训练 [J]. 中国音乐. 1996（02）: 44-45.

[19] 沈燕燕. 声乐学生嗓音疾患及对策 [J]. 艺术探索. 1995（03）: 70-72.

[20] 韩丽艳. 美国艺术嗓音医学概况及对我国艺术嗓音医学发展的几点建议 [J]. 中央音乐学院学报. 1994（03）: 86-90.

[21] 余笃刚. 声乐教育学 [M]. 上海：上海音乐出版社, 2009.

[22] 薄慕真. 歌唱与嗓音保健 [M]. 北京：金盾出版社, 2008.

[23] 彭莉佳. 嗓音的科学训练与保健 [M]. 上海：上海音乐学院出版社, 2005.

[24] 张守杰等. 嗓音病的防治 [M]. 上海：上海中医药大学出版社, 2002.

[25] 赵淑云. 歌唱艺术与实践 [M]. 杭州：浙江大学出版社, 2001.

[26] 邹本初. 歌唱学 [M]. 北京：人民音乐出版社, 2000.

[27] 冯葆富. 艺术嗓音的保护 [M]. 北京：中国广播电视出版社, 2000.

[28] 赵梅伯. 唱歌的艺术 [M]. 上海：上海音乐出版社, 1997.

[29] 刘朗 . 声乐教育手册 [M]. 北京：北京师范大学出版社，1995.

[30] 宋承宪 . 歌唱咬字训练与十三辙 [M]. 北京：中央民族学院出版社，1989.

[31] Courey M S, Shohet J A, Scott M A , et al. Immunhisto chemicall characterization of benign laryngeal lesions [J]. Annals of Otology Rhinology Laryngology . 1996.

[32] Caye Thomasen P, Hermansson A, Tos M. et al. Polyp pathogensis a histopathological study in experimental otitis media [J]. Acta Oto laryngologica . 1995.

[33] Preciadio, Perez C, Calzada M. Frequency and risk factors of voice disorders among teaching staff of La Rioja, spain.Clinical study：questionnaire , function vocal examination , acoustic analysis and videolaryngostroboscopy [J]. Acta Otorrinolaringologica Espanola . 2005,14–27.

[34] Lehto L, Alku P, Backstrom T. Voice symptoms of call–centre customer service advisers experienced during a work–day and effects of a short vocal training course [J]. Logoped Phoniatr Vocal . 2005.

[35] Vilkman E. Voice problems at work：a challenge for occupational safety and health arrangement [J]. Folia Phoniatrica et Logopaedica . 2000.

[36] Smith E, Kirchner H L, Taylor M. voice problems among teachers：differences by gender and teaching characteristics [J]. Jvoice . 1998.

[37] Van der Merwe A, Van Tonder M, Pretorius E. Voice problems in some groups of professional users of voice：implications for prevention [J]. Safr J Commun Disord . 1996.

[38] Volis S, Kovac D, Gulic R. Smokers' edema of the vocal cords [J]. Lijecnicki Vjesnik . 1997.

[39] Sliwinska–Kowalska M, Niebudek–Bogusz E, Fiszer M. The prevalence and risk factors for occupational voice disorders in teachers [J]. Folia Phoniatrica et Logopaedica . 2006,85–101.

[40] Vilkman E. Occupational safety and health aspects of voice and speech

professions [J]. Folia Phoniatrica et Logopaedica . 2004 , 220.

[41] 王璐, 吴洁茹 . 语音发声 . 3 版 . 北京 : 中国传媒大学出版社, 2014.

[42] 冯葆富, 齐忠政, 刘运墀, 歌唱医学基础 [M]. 上海 : 上海科学技术出版社, 1987.

[43] 杨和钧 . 艺术嗓音保健之友 [M]. 文化艺术出版社, 1985.

[44][美] 梅里贝斯·德姆 . 挖掘嗓音的潜力 [M]. 周音怡, 译 . 北京 : 中央音乐学院出版社, 2010.

[45] 马腊费奥迪 . 卡鲁索的发声方法 : 嗓音的科学培育 [M]. [意]P.M. 郎毓秀译 . 北京 : 人民音乐出版社, 2000.

[46] 王宝璋 . 咽音技法与艺术歌曲 [M]. 北京 : 人民音乐出版社, 1988.

[47] 韩德民, 等 . 嗓音医学 [M]. 北京 : 人民卫生出版社, 2007.

[48] 黄永望, 傅德慧, 潘静 . 实用临床嗓音疾病矫治学 [M]. 天津 : 天津科技翻译出版有限公司, 2018.

[49] 徐小懿, 等 . 声乐演唱与教学 [M]. 上海 : 上海音乐出版社, 1996.